民航服务与沟通

金 恒 主编

化学工业出版社

·北京·

本书为职业院校民航运输类专业、市场营销专业的新型实用性教材，讲述了民航服务与沟通中沟通认知、亲和力、知人力、表述力、促成力、异议化解力、常用沟通方式等内容。全书体系新颖，案例丰富，内容实用，可帮助读者掌握民航服务沟通的基本技能，切实解决民航服务工作中沟通问题。本书既可作为高职高专、中职、大学本科经济管理相关专业的专业课及各专业的公共基础课教材，还可作为企事业单位营销及公共关系工作人员的培训教材和参考读物。

图书在版编目（CIP）数据

民航服务与沟通/金恒主编． —北京：化学工业
出版社，2013.5（2025.2重印）
高职高专"十二五"规划教材
ISBN 978-7-122-16884-9

Ⅰ．①民…　Ⅱ．①金…　Ⅲ．①民航运输-商业
服务-高等职业教育-教材　Ⅳ．①F560.9

中国版本图书馆CIP数据核字（2013）第062034号

责任编辑：旷英姿　陈有华　　　　　　　文字编辑：李　瑾
责任校对：宋　玮　　　　　　　　　　　装帧设计：王晓宇

出版发行：化学工业出版社（北京市东城区青年湖南街13号　邮政编码100011）
印　　装：北京科印技术咨询服务有限公司数码印刷分部
787mm×1092mm　1/16　印张11　字数239千字　2025年2月北京第1版第11次印刷

购书咨询：010-64518888　　　　　　　　售后服务：010-64518899
网　　址：http://www.cip.com.cn
凡购买本书，如有缺损质量问题，本社销售中心负责调换。

定　价：29.00元

前言
FOREWORD

随着全球经济一体化时代的到来，国内、国际旅游、经贸往来日益频繁，这极大地促进了民航运输的发展。特别是近年来，中国的民航运输业以年均15%左右的速度高速发展，已成为世界民航大国。中国民航的发展，使国内、国际航空公司之间的竞争也日益激烈。在这种竞争中，民航服务的质量和水平显得越来越重要。民航旅客来自于不同的国家，这样在民航工作中民航从业人员与旅客之间的沟通能力显得尤为重要。卡耐基认为，沟通是成功的关键因素。他说：一个人的成功只有15%来自他的专业技能，另外85%来自他与外界的交际能力。对于民航从业人员来说，良好的人际沟通能力是一笔宝贵的财富，也是需要好好学习和研究的一门科学与艺术。

当前的时代是一个崇尚沟通的时代。本书为高等职业院校民航服务等相关专业的新型实用性教材，具有以下特点。

第一，在使用对象、教材结构及内容方面不仅突出了职业教育的特点，而且进行了改革与创新。本书打破了传统学科体系教材固有的结构，实现了跨学科知识的有机结合，在内容上突出了基本理论与实际工作相结合，充分考虑了职业院校学生的职业成长规律，体现了职业技术教育的特点，有利于培养学生的综合职业能力。

第二，将知识传授与能力培养融为一体。本书特别强调知识向能力的转化以及学习成果的迁移和应用。每个章节都设计了学习目标、理论知识、能力训练、案例与联系、知识拓展等环节，意在通过所设计的训练题和案例分析等来解决知识传授与能力培养脱节的问题。

本书由西安航空职业技术学院金恒担任主编，西安航空职业技术学院过文俊、青岛外事服务职业学校壹占荣担任副主编，西安航空职业技术学院万珊、天津交通职业学院黄晨参加了编写工作。袁占荣负责全书结构体系的策划与统稿；黄晨负责课程导入部分内容的编写；过文俊参与了全书结构体系的策划工作，并负责第一章内容的编写；金恒负责第二章至第四章、第六章和第七章内容的编写；万珊负责第五章内容的编写。几位编者均有较为丰富的实践经验，并长期从事高校教学工作，深知沟通对民航工作的意义。

全书体系新颖，案例丰富，内容实用，可帮助读者掌握民航服务沟通的基本技能，切实解决民航服务工作中的沟通问题。为方便教学，本书还配套有电子课件。

本书既可作为高职高专、大学本科类经济管理相关专业的专业课及各专业的公共基础课教材，还可作为企事业单位营销及公共关系工作人员的培训教材和参考读物。

本书在编写过程中参考了大量的文献资料，部分内容取材于编者多年积累的教案资料，在此谨向原作者致以诚挚的谢意！同时本书的出版也得到了化学工业出版社的大力支持和帮助，在此也向他们表示深深的感谢！

编写本书，对于编者来说是一次新的尝试，由于学识和经验有限，书中疏漏之处在所难免，敬请专家学者及广大师生批评指正。

编　者

2012 年 12 月 18 日

CONTENTS

民航服务与沟通

目 录

一、调研与观察的内容 076
二、在沟通实践中具体采取的方法 076

第四节 询问 078

一、询问的意义 079
二、询问的内容 080
三、询问的方法 080

第五节 聆听 082

一、聆听对于沟通的意义 085
二、聆听的内涵 085
三、聆听技巧 088
思考与练习 090
知识拓展 091

4 CHAPTER 第四章 表述力 Page 093

第一节 表述力概述 094

一、有效表述的价值意义 094
二、概念 095
三、有效表述的方法 096

第二节 属性 097

一、产品属性 097
二、民航服务业产品与民航服务业产品属性 098
三、属性判断 099

第三节 FAB利益表述 100

一、表述的原则 101
二、FAB利益表述 102
思考与练习 106
知识拓展 107

5 CHAPTER 第五章 促成力 Page 111

第一节 促成力概述 112

一、概念 112

第六章
异议化解力   123

CHAPTER

第七章
常用沟通方式   139

CHAPTER

课程导入

学习目标与内容

学习目标

知识目标	能力目标
1.初步理解沟通的意义与内涵。	1.感悟沟通的必要性。
2.明白沟通力学习的方法要求。	2.初步判断沟通中存在的问题、自己的不足。

学习内容

（1）为什么学习沟通

（2）沟通学习什么

（3）怎么学习沟通

情景活动与案例导引

串名字介绍

1.介绍自己的特征信息，包括：祖籍、生日、兴趣、性格、格言。

2.第二位介绍时采用"我是A××（即第一位介绍者）后面（或左/右面）的B××，A××是……（复述前一位介绍），我是……"。

3.第三位介绍同上：先复述前面同学（第一、第二位）的个人信息，即"我是A××（即第一位介绍者）与B××后面（或左/右面）的C××，A××是……，B××是……"，然后再介绍自己"我是……"。

4.其余同学同上：先详细介绍前两位同学的信息再介绍自己；或者除了详细介绍前两位同学的信息外、另外再简介其他同学的信息，之后介绍自己。

观察：谁的表述最打动你？哪几个方面打动你？

讨论：

（1）你平时一般是怎样发言的？

（2）作为一名员工或经理在开会时，该如何发言？

（3）发言时在肢体动作与表情、语音语调、话语内容等方面有什么要求？

（4）你启发感悟到什么？

 **案例导引**

传达命令

传令员对连长传令："司令官命令：'在明天午后1时，全连官兵务必准时在大操场集合，要求大家穿好军装，带好观察工具，观看哈雷彗星从东向西飞过。'"

接着，连长对排长传令："司令官命令：'全体官兵明天午后1时到大操场集合，要求大家穿好军装，带好武器，准时接受检阅，还有星级上将从天上飞过。'"

然后，排长对班长传令："司令官命令：'全体官兵明天午后7时到大操场集合接受检阅，务必穿好军装，带好武器，还有三星上将乘飞机从天上飞过。'"

最后，班长对全班传令："司令官命令：'全体官兵明晚7时到大操场集合接受检阅，务必带好武器整装待发，否则，三颗子弹将从你头上穿过。'"

【问题与思考】

① 为什么会发生这个现象？

② 你认为采取什么方法可以避免案例1-3的沟通错误（或者说达成正确传令）？

 **理论知识**

一、沟通学习为什么？

在我们的工作和生活中，要与人交流才能生存与生存得有意义。如果我们无法在适当的场合适时地说出适当的话，使适当的人喜悦，以达成共同的目的，则是沟通的失败。

对于大多数人而言，所谓的沟通就是希望"对方能够听得懂自己的意思，并按照自己所说的去做"。这种沟通演变到最后，双方可能因为沟通恶化而大吵一架，或是你说你的、我做我的，无法达成共识。这是为什么呢？这是因为你把自己放在一个"领导"的位置，是在下达指令，不是在与人沟通。人们发现沟通有困难，甚至是越亲近与关系密切的人反而沟通越困难。

这种情况在工作与生活中经常发生。

那该怎么办呢？

列举你经历过的一个沟通失败的典型事件，分析其症结。

1.沟通的价值

（1）调查研究表明沟通水平决定了业绩与生命质量 阅读下列数据资料。

① 据权威的1995年英文版《工商管理硕士成绩录》所载，经过对全球近千家企业的调查分析，在十项MBA才能指标中，最为重要的三种能力是分析判断能力、商业经营思想能力和良好的沟通能力。

② 美国普林斯顿大学曾对1万份人事档案进行分析，结果发现，"智慧"、"专业技术"和"经验"只占成功的25%，其余75%决定于良好的人际沟通。

③ 哈佛大学就业指导小组1995年调查结果显示，在500名被解职的男女中，因人际沟通不良而导致工作不称职者占82%。

④ 日本企业之神，著名国际化电器企业松下电器公司的创始人松下幸之助有句名言："伟大的事业需要一颗真诚的心与人沟通。"松下幸之助正是凭借其良好的人际沟通艺术，驾轻就熟于各种职业、身份、地位的客户之中，赢得了他人的依赖、尊重与敬仰，使松下电器成为全球电器行业的巨子。

结论：沟通力是一项最重要的能力，沟通力决定了个人的工作业绩、职业生涯的成功、生命质量，也决定了企业的生命。

（2）科学研究表明人际沟通决定个人发展 在竞争社会，个人发展前途决定于核心竞争力，核心竞争力包括情商＋逆商＋学习力＋专有技术等要素，而其中"情商＋逆商取决于情绪控制，即自我沟通"、"情商本身就是人际沟通素养的结果"、"学习力取决于努力的态度、有效学习方法的采用，它们取决于自我沟通与人际沟通素养"。

归结为：个人发展前途←——核心竞争力←——沟通力。

自我沟通能力与人际沟通能力对于个人、企业、国家都有决定意义，沟通力素养决定了成绩取得和生命质量。

2.学习沟通的必要性

（1）一般人不懂沟通 大多数人希望"对方听懂自己的意思、按自己的要求去做"，结果是沟通恶化、大吵一架。因为本性的自我使自己"定位于领导人＋下达指令"，从而导致"你说你的、我说我的，无法达成共识"。可以说，大多数人的沟通是错误的、是不懂沟通的，沟通力有待提高。

这一点，对于大学生表现得尤其明显，特别是个别同学，让其他同学、老师、家长、公司员工、社会忍无可忍。表现为："没有人生信念、没有是非标准、没有亲情、没有感恩、没有基本礼仪、没有他人感受……没有自信自尊，惟有自私、娇惯、怕吃苦、情绪化……，不听、不问、没有反馈、心不在焉、做小动作……"。如此，如何让别人接受、喜欢、信任？怎么指望别人给予机会、与他签约？还谈什么生存、发展？他们太娇纵了本性中的自我。

（2）民航服务工作需要较强的沟通力　民航服务工作以对旅客提供服务为第一产品，客舱服务和机场地面服务中内含人际交往、人际沟通信息，所以沟通的质量决定了民航服务质量，从而决定了旅客对乘务员与航空公司的满意度与忠诚度。作为准备从事民航工作的服务专业准员工，学好沟通技术、提升沟通力，意义大、必要性强。

总结：沟通对于人生具有重大意义，大多数人未掌握沟通方法，由于工作中强烈需求，因此决定了我们需要学习沟通，尤其对于我们高职高专航空服务等专业的大学生更是迫切。

二、沟通学习什么

作为以从事服务事业为目标的空中乘务等服务专业的大学生，必须具备服务意识、服务技能、实践操作能力，综合表现为面向外来客户的人际沟通能力，即服务岗位的客户沟通能力。

作为高职高专学历起点、以空中乘务等服务岗位工作为目标，沟通力培养就有了界定标准：初级空中乘务员所需要的基本沟通力、内容基本限定为民航服务。

学习定位：民航服务业、初级乘务员、初级沟通力。

作为民航服务人员从事空中乘务或者机场地面工作应该具备的客户沟通能力包括沟通理论素养、民航沟通力与沟通方式掌握。所以，在教学中应设计有效学习情景，通过理论教学和实践教学培养与民航旅客的沟通能力。

三、怎么学习沟通

1.储备沟通相关理论知识

本教材将由浅入深地从六个方面介绍沟通相关理论知识，我们将这六个方面编排为六个章节，每个章节都设计了学习目标、理论知识、能力训练、思考与练习、知识拓展等环节，意在通过所设计的训练题和案例分析等来解决知识传授与能力培养脱节的问题。从整体上提高学生对沟通体系的认识问题和相关知识的掌握情况。

2.在工作和学习过程中注重经验积累

在掌握必要的理论知识后，需要在工作和学习中提升所学知识，学生可以通过以下几点来提升个人沟通能力：① 经常看报，更新对时事政治的了解情况；② 养成读书的习惯，提升内涵建设；③ 与人建立良好关系，锻炼和提升沟通能力。

第一章

沟通认知

学习目标与内容

学习目标

知识目标	能力目标
1.理解沟通的内涵、要素、种类、模式。	1.会辨别沟通种类、成效，领悟沟通的价值意义。
2.了解沟通力结构、有效沟通技巧要求。	2.会分析沟通中成败的原因。
3.了解民航事务沟通。	3.会初步开展有效沟通，领悟"无"的理念。

学习内容

（1）沟通与人际沟通
（2）民航旅客沟通
（3）有效沟通技巧
（4）能力训练

情景活动与案例导引

沟通水平测试

按照你的实际情况，在五个等级中选择相应的分值："总是"5分，"经常"4分，"不确定"3分，"偶尔"2分，"从不"1分，填入括号内。

（1）能自如地用语言表达情感。 ☐
（2）能自如地用非语言表达情感。 ☐
（3）在表达情感时，能选择准确恰当的词汇。 ☐
（4）他人能准确地理解自己使用语言和非语言所要表达的意思。 ☐
（5）能很好地识别他人的情感。 ☐

（6）能在一位封闭的朋友面前轻松自如地谈论自己的情况。☐

（7）对他人寄予深厚的情感。☐

（8）会盲目地暴露自己的秘密。☐

（9）能与自己观念不同的人沟通情感。☐

（10）与他人沟通时能够经常面带微笑。☐

（11）持有不同观念的人愿意与自己沟通情感。☐

（12）他人乐于对自己诉说不幸。☐

（13）轻易评价他人。☐

（14）明白自己在沟通中的不良习惯。☐

（15）与人讨论，善于倾听他人的意见，且不强加于人。☐

（16）与人争执，但能克制自己。☐

（17）能通过工作来排遣自己的心烦意乱。☐

（18）面对他人请教问题，能告诉他该做什么。☐

（19）对某事持异议，能说出这件事的后果。☐

（20）乐于公开自己的新观念、新技术。☐

您的得分是_____。

这是对你现在的沟通力水平的测试：得分越低，说明沟通力越弱；得分越高，沟通力则越强；如果总得分在75分以上，说明沟通力水平高。

【问题与思考】好在哪里？不足在哪里？如何改善？

 案例导引

印度洋海啸

印度洋海啸，印度人死伤太冤。据《印度快报》报道，印度空军2004年12月26日早晨接到警报说，印度设在孟加拉湾卡尔尼科巴岛的一个空军基地被海啸摧毁。当时，海啸距印度本土还有数百千米。由于地震震中在海底，波动传递到海岸一般需要20分钟到2个小时，"如果当地居民组织得力，这段时间足够多数人逃生了"。

印度空军司令克里希纳斯瓦说，当天上午8时15分，他让一名助手向国防部发出警报。然而，政府方面没有与军方进行过沟通。

印度气象局于26日上午8时45分发出了一份警报传真，结果发给了前人力资源开发、科技兼海洋发展部长穆利·马诺哈尔·乔希，而不是现任部长。后来印度气象局又在当天上午9时45分给内政部发去一份警告传真。10时30分，内政部将此事汇报内阁秘书处。而当时印度东南部沿海地区已经被巨浪所蹂躏。直到当天下午1时，印度政府的主要应急机构才举行会议商讨这一问题。

美国地质调查局在检测到大地震之后本来试图通知印度洋沿岸各国准备防护海啸，可是竟然无法找到与这些国家沟通的途径。"我一直在和我们搞海啸研究和预警的人说，

但是他们竟然与这些国家在海啸方面没有任何联系，"帕森说，"我们没人在那边，我们只能通过媒体知道到底发生了什么。"

【问题与思考】

① 问题在哪里？

② 原因是什么？

③ 该案例对你有什么启发？

④ 沟通有什么意义？

⑤ 沟通是什么？沟通涉及哪些要素？

⑥ 应该怎样沟通？

第一节
沟通与人际沟通

 **理论知识**

沟通在人类的生活中不可或缺，沟通有广泛的内涵，包括概念、要素、种类、过程与模式、方法要求等多方面。培养沟通力，首先要了解其内涵知识，需要知道沟通与人际沟通的内涵、要素、模式、种类，会辨别沟通种类、成效。

本节学习沟通与人际沟通的相关概念、种类、要素、要求。

一、沟通

1.什么是沟通

（1）沟通的理解　沟通是一项活动，本意是开沟使得两水相通（《左传·哀公九年》"秋，吴城邗，沟通江淮"），后指两方能够通连，信息社会又泛指信息沟通。

沟通源于英文"communication"，又可译为传达、通信、交流、交通、交际等，国内一般是三种译法即交流、沟通、传播。

（2）沟通的概念　沟通定义很多，概括为以下几种类型。

① 共享说：强调传者与受者对信息的分享，此以美国传播学家施拉姆为代表。

② 交流说：强调沟通是有来有往的双向活动，如美国学者霍本的观点"沟通即是用言语交流思想"。

③ 影响（说服）说：强调传者对受者施加影响的行为，如美国学者露西与彼得森认为"沟通是人影响人的全部过程"。

④ 符号（信息）说：强调沟通是符号或信息的流动，如美国学者贝雷尔森认为"沟通

是通过传播媒介所作的符号的传送"。

概括来说沟通的内涵就是：信息的传递、被理解与准确理解、互动反馈，目的是希望达成一致。

沟通是发送者通过某种渠道将信息发送给既定对象，并寻求反馈以达到相互理解的过程。

2.沟通的功能

联合国教科文组织国际交流委员会综合了各国学者的意见，认定沟通在任何社会制度中都具备的如下主要功能。

（1）获得信息　收集、储存、整理和沟通必要的新闻、数据、图片、事实、意见、评论，以便对周围环境的情况获得了解并做出反应和决定。

（2）社会化　提供信息使人们能在社会中从事活动，并增强社会联系和社会意识，积极参加公共生活。

（3）动力　促进实现当前目标和最终目标，激励人的意愿和理想，鼓励为实现共同商定的目的而进行个别活动和社会活动。

（4）辩论和讨论　为便于达成一致意见或澄清不同观点而提供和沟通必要的事实；为促进人们关心本国和国际问题并普遍参与。

（5）教育成长　沟通知识以便促进智力的发展，培养人的品格，并使其在人生各个阶段获得各种技能和能力。

即问即答

对于准员工的大学生或客户服务员的您，良好的沟通有什么现实意义？

3.沟通的种类

沟通是一个传递信息的过程。依据沟通的不同属性标准，可以有不同分类，如图1-1所示。

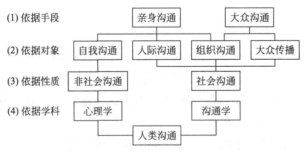

图1-1　沟通的种类

亲身沟通：应用人体自身为媒介、语言为手段、表情与动作为辅助手段的沟通方式。
大众传播（沟通）：以机械化、电子化的大众媒介，即报刊、广播电视为主要手段的沟通方式。
自我沟通："我"和"我"的对话。
人际沟通：人们之间运用语言或非语言符号传递信息的过程，根据沟通者不同可分为客户沟通、管理沟通等。
组织沟通：在正式组织与非正式组织中的人们传递信息的过程。
非社会沟通：指不具有社会性的沟通，即沟通人员少于2人的信息传递的过程。
社会沟通：指传者与受者多于两人的信息传递的过程。
人类沟通：指沟通者是人类的信息传递的过程。

4.沟通的模式与过程

（1）沟通模式 在传播学中，沟通的基本模式有多种，但没有一个是被普遍认同的。

① 施拉姆的环形沟通模式 较为流行的人际沟通模式是施拉姆提出的环形模式（见图1-2）。发送者和接收者在编码、阐释、解码、传递、接收时，形成一种环形的相互影响的和不断反馈的过程。施拉姆提出了编码、解码、反馈概念；参加交流的人既是发送者又是接收者的双重角色概念；对信息的编码与解码构成了人们的交流。该模式更注意交流的过程，而不是交流的效果。这一沟通模式对于人际沟通的情境更具有概括性、适应性，是一个宜于分析人际沟通的模式。

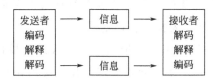

图1-2　施拉姆沟通模式

另外还有许多沟通模式，都从不同角度分析了沟通这一行为，如拉斯韦尔的5W模式、申农沟通模式（通讯系统模型）。

② 拉斯韦尔的5W模式 最早的沟通模式是美国政治学家拉斯韦尔提出的5W模式（见图1-3）："描述沟通行为的一个方便的方法，是回答下列五个问题：谁，说了什么，通过什么渠道，对谁，取得了什么效果？"

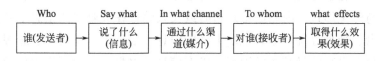

图1-3　拉斯韦尔沟通模式

该公式注重沟通效果，尽管简单，但至今仍是指导人们沟通过程的方便的综合性方法，这也是一种线性沟通模式。

③ 申农沟通模式（通讯系统模型） 申农沟通模式是数学家申农及助手韦弗1949年提出的模式（见图1-4）。

图1-4　申农沟通模式（通讯系统模型）

（2）沟通的过程 整合上述沟通模式与沟通实践行为，总结的一般沟通过程如图1-5所示。

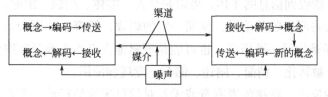

图1-5　沟通过程

案例1-1

规范的销售沟通程序

小张是南京某饭店宴会预订部的秘书，她第一次接到一家客户的大型宴会预订电话时，在记录了宴会日期、时间、主办单位、联系人情况、参加人数、宴会的类别和价格、宴会厅布置要求、菜单要求、酒水要求等基本情况后，就急忙带上预订单与合同书要亲自到客户的单位去确认。同屋的老王叫住她说："你最好请对方发一个预订要求的传真过来，然后根据要求把宴会预订单、宴会厅的平面图和有关的详细情况反馈给对方，并要求对方第二次传真预订。有必要时，还要请客户亲自来饭店看一下场地和布局情况，然后填写宴会预订表格、签合同再安排宴会计划。"

小张按照老王所说的程序把信息反馈回去，几天后，她接到了客户的传真。果然，这一次对方对宴会厅的布置、参加人数等要求均比电话所讲详细了很多，双方在价格上又进行了一番商谈。为了发展客户，争取客源，饭店最终同意给客户让利。客户交纳了订金并在规定期限的合同上签字后，这个预订终于成功了。通过这次预订，小张熟悉了大型宴会预订的程序与方法。

5.沟通的要素

图1-5所示的沟通过程，呈现下列沟通要素。

（1）信息　指能够传递并能被接收者的感觉器官所接收的刺激。它有两种基本存在形式：内储形式与外化形式。内储信息是暂时或长久储存在大脑里的信息；外化信息是用书籍、文献、磁盘、光盘等符号形式记录下来的信息。信息可以是观念、思想和情感。信息是沟通活动能得以进行的最基本的因素：没有信息的材料不需要渠道去传递，也不需要接收者去解码。因此，信息是沟通的灵魂。

（2）发送者　指发送信息的主体，可以是个人、群体、组织、国家。

（3）编码　指将所要交流的信息，依照一定的码规，编制为信号。编码中要选择恰当的代码或语言，要适应接收者的理解和语言能力，还要有适合沟通的渠道和使用的媒介。不恰当的编码会让接收者不知所云，包括不适时宜地使用专业术语或在非正式的社交场合使用过于正规的语言等。

（4）渠道　渠道是信息得以传递的物理手段和媒介，是连接发送者和接收者的桥梁。说话的渠道就是空气：空气的振动，把说话者（发送者）的声音传给听话者（接收者）。信件、电话、电传、通信员、信鸽等是常见的个人媒介，报刊、书籍、广播、电视、电影等是常见的大众沟通媒介。

（5）接收者　指收到信息的主体，可以是个人、群体、组织、国家。

（6）解码　指将所接收的信号，依照一定的码规，解释、还原为信息。解码可能是将信息由一种语言翻译为另一种语言，也可能是理解他人点点头或眨眨眼的意思。在这一过程中，传导的信息被转化、精简、阐述、储存、发现和使用。

（7）接收者的反应　指接收者有意或无意对信息采取的行动，在成功的交流中，接收者的反应与发送者的意愿正好相同。

（8）反馈　指接收者把自己的信息加以编码，通过各种渠道回传给信息发送者。

（9）噪声　以各种形式对沟通产生干扰的事物或行为。电话杂音及"蜂音"，收音机的失真，电视机荧光屏上的"雪花"干扰等，都是一种噪声。

"噪声"的概念，目前已被扩大为任何被接收而又并非信源所欲传送的信号、信息；或者是任何使所欲传输的信息不易精确编码、解码的东西。口头交流错误的发音、停顿，书面交流的错字、不适当的标点，都可以成为读解口头交流或书面文本的"噪声"。从接收者角度讲，固有的成见、身体的某种不适、对传送者的反感，都可以成为沟通过程中的噪声。噪声往往会增加信息编码、解码中的不确定性，导致信号在传送和接收时的失真，从而模糊、干扰了信息发送者的意图。

【问题与思考】

再一次分析案例导引，其中什么要素出现了问题？

 **案例1-2**

地下谍报

"长江、长江，我是黄河、我是黄河。鸟已飞，鸟已飞"。

【问题与思考】分析案例1-2，在沟通的系列要素中最基本的要素是什么？

沟通基本四要素：发送者、接收者、媒介和经过编码的信息。

6.沟通要求

① 必须有发送信息者、接收信息者、信息、通（渠）道。

② 发送的信息完整准确、接收者接收完整信息并正确理解、渠道通畅、有积极反馈。

③ 询问、复述、核对。

二、人际沟通

人与人之间的信息传递过程就是人际沟通，人际沟通是人际交往的起点。包括概念、类型、特征、信息内容、影响因素、原则。

1.概念

人际沟通就是人们运用语言符号或非语言符号来传递信息的过程。把人的观念、思想、感情等看做信息，人际沟通就是人与人之间信息传递的过程。

2.类型

按不同分类标准，人际沟通有多种类型。

（1）按照渠道的不同可分为直接沟通和间接沟通

① 直接沟通　运用人类自身固有的手段，无需沟通媒介的人际沟通，如谈话、演讲、上课等，它是人际沟通的主要方式。

②间接沟通　除了依靠传统的语言、文字外，还需要信件、电话、电报、E-MAIL等媒介的沟通。它大大拓宽了人际沟通的范围，远隔千万里的两个人之间，可以像面对面一样地交流信息。

（2）依据语言符号形式的不同分为语言沟通和非语言沟通

①语言沟通　指沟通者以语言符号的形式将信息发送给接收者的沟通行为。语言有口语和文字两种形式，故语言沟通分为有声的语言沟通和无声的语言沟通。有声的语言沟通是用口头语，即以讲话的方式进行沟通，如谈话、讲课、演讲、打电话等；无声的语言沟通，是用文字即书面语言来传播，如写信、贴布告、发通知、写字条、板书、打电报等。

②非语言沟通　指沟通者以非语言符号的形式将信息传递给接收者的沟通行为，它是以表情、动作等为沟通手段的信息交流。面部表情及眼神、身体动作及姿势、言语表情、个人空间及个人距离、气质、外形、衣着与随身用品、触摸行为等都是非语言符号，它们都可以作为沟通工具来进行非语言沟通。

语言沟通与非语言沟通的分类内涵如图1-6所示。

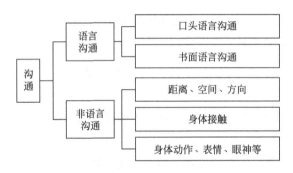

图1-6　沟通语言的分类

即问即答

①上课时与老师眼神交流、微笑点头、做笔记，传递了什么信息？

②上课时做小动作、说话、打手机，传递了什么信息？

③有一女生频频地、默默地回头看你，传递了什么信息？

（3）按沟通的组织程度分类，人际沟通又可分为正式沟通与非正式沟通

①正式沟通　在一定的组织机构中通过明文规定的渠道进行信息的传递。例如，上级向下级下达指示、发送通知，下级向上级呈送材料、汇报工作，定期或不定期的会议等。

②非正式沟通　在正式沟通渠道外进行的信息交流，是人们以个人身份进行的人际沟通活动。诸如人们私下交换意见、议论某人某事、传播小道消息等。

（4）从有无反馈的角度看，人际沟通又可分为单向沟通和双向沟通

①单向沟通　单向信息流动的人际沟通。在沟通时，沟通双方的地位不变，一方只发

送信息，另一方只接收信息而不向对方反馈信息，如做报告、大型演讲等。当然，实际上严格意义的单向沟通是罕见的，接收者会以各种形式（鼓掌、打呵欠、说话、坐立不安等）或多或少地反馈信息。

②双向沟通　双向信息流动的人际沟通。在沟通时，发送信息者与接收信息者之间的地位不断变换，信息沟通与信息反馈多次往复，如交谈、协商、谈判等。人际沟通中的绝大多数均为双向沟通。

即问即答

①上课时学生与老师之间是单向沟通还是双向沟通？

②上课时做小动作、说话、打电话，是不是一种反馈？反馈了什么信息？

（5）根据接收者的不同分为内部沟通、外部沟通、自我沟通

①内部沟通　与单位内的同事、领导、下属之间的沟通以及部门间的沟通。都是同一个单位内部员工之间的沟通，因为本身相对比较熟悉、公务交往的刚性，对情感关系以及亲和力没有很高要求，这是相比较外部沟通尤其是客户沟通所重大区别的地方；但单位内部往往存在复杂的人际关系与部分人存在的行为习惯，内部沟通往往更加复杂。

②外部沟通　与单位外的客户、媒体、政府部门间开展的沟通。因为相互的不熟悉、事务交往的可选择性与利害关系，所以对信任与交往愉悦有较高要求；尤其是出外办事面对陌生客户，将面临无助、恐惧和压力，这种恐惧与压力将可能摧毁柔弱的内心世界，因此针对于刚入行的"菜鸟"进行训练是必须的；好在陌生客户相对会比较收敛自己的行为，会对陌生拜访者表现出合乎礼仪的客气与热情，只要你对他（她）表现出足够的尊敬、礼貌、赞赏与为他（她）着想，与外部客户反而比较容易具有亲和力；而一旦与客户建立了良好的亲和关系，沟通也就变得比较简单。

③自我沟通　与自己的心灵进行沟通。自我沟通决定着积极心境还是消极心境，心境决定着肢体语言信息、声音语言表现、文字语言运用。所以说，自我沟通是沟通的核心。

3.特征

（1）双向性　沟通双方相互依赖。如演讲者离不开听众，听众也离不开演讲者。在一个完整的沟通过程中，沟通参与者几乎在同时充当着发送者和接收者的双重角色。

（2）双重手段　沟通不仅传递观念和思想（此关系着沟通内容方面），同时还传递着情感（此影响着人际关系方面）。当在服务客户或销售产品时，不但有关于产品功能的信息，其语调、手势、与客户的距离、姿势和表情等都是所传递信息的一部分。人际沟通通过传递内容与传递情感双重手段达成有效沟通。

（3）互动性　互动是人们在沟通中产生反应，通过语言回答、眼光交流、接近接触、手势动作等方式反馈信息。沟通没有反馈说明没有心理反应，说明沟通没有效果，那是非常糟糕的。

（4）情境性　在通常情况下，人们总是根据时间、空间、双方关系等不同的情形来选

择不同的话题，进行适当的沟通。例如，当司马懿的大军逼近空城之下，诸葛亮表现得泰然自若，坐在城楼上饮酒抚琴，司马懿看此情形，怕中埋伏便引兵自退。"空城计"只对司马懿有效，若换了许褚，诸葛亮只有束手就擒了。"空城计"的成功，充分说明情境性。

（5）接近性　人际沟通的沟通者在交往活动中是平等地参与和相互影响的，沟通者在空间上接近会产生情感，正所谓"见面三分情"。反之，如果沟通者之间在空间上不接近的话，如打电话、看电视和收听无线电广播等，这种互动间的亲情就不容易产生。所以，尽可能创造条件面对面交谈。

4.信息内容

人际沟通中不但传递内容信息（观点、观念和思想），还传递情绪情感。前者主要通过文字语言表达，后者通过声音语言与肢体语言传递。

5.影响人际沟通的因素

沟通者生理的、情感的、社会的情况在沟通时会发生变化，这些变化将引起沟通者之间互动的进一步变化。人际沟通过程中的许多变量对人际沟通产生影响，这些变量包括：神入（移情）、自我暴露、信任程度、个人因素、环境因素等。

（1）神入（移情）　当知道他的亲人故去了，哭肿了眼睛，此时你将如何解劝？是悲悯地陪坐："很想奶奶吧？也真是让人难过啊。想当初我也难过得不行，一个月都缓不过来。"还是笑着说："您为什么不能从积极的角度去看呢？为什么不想想，她现在在天堂里过得十分快乐啊？"两种劝解会有什么不同效果？

神入就是进入别人的内心世界，用他的情感情绪、思想来体察外界，体验他的内心情感与情绪，或称"感同身受"、"换位思考"、"同理心"，亦称"移情"。神入能够让对方感受到那种设身处地的、心情上的平等、被理解、"心有戚戚焉"，能够达成极强的亲和力效果。

语言信息与非语言信息都能表达神入。语言信息如前述所说的宽慰人的话语，非语言信息如关注与同情的眼神及表情、陪坐、拍拍人的手臂等。

（2）自我暴露　当你把A作朋友看待，曾经向他讲述了你的心思，可他对他自己的情况却只字不提，或几次都是吞吞吐吐、含含糊糊；B在陌生人面前大谈特谈自己的历史，毫无顾忌地吐露自己的内心隐秘。你对他如何感想？

自我暴露是一种人们自愿地有意地把自己的真实情况告诉他人的行为，是人们将自己的内心感受和信息与他人分享。适当的自我暴露可以深入地了解自己、进一步了解别人，促进人际关系的发展。

（3）信任程度　信任是沟通的基础，如果缺乏信任，就缺少了进一步良性互动的根基，沟通效果就不好。获得信任首先必须端正态度，然后是权威性、信誉、价值观与目的的一致性、领导才能、活力与魅力。

（4）个人因素　沟通者的生理因素（劳累、病痛状态，聋哑、失语等语言障碍，年龄等），激昂的情绪状态（过悲、过乐），智力的差距，社会习俗的差异，对语义理解的分歧，这些因素都会影响着人际沟通。

（5）环境因素　影响沟通的环境要素包括物理因素、社会因素、渠道因素。物理因素包括噪声、光线不足、环境杂乱等；社会因素包括没有私密性（有其他人在场）、缺乏有助于沟通的氛围；渠道因素如环节过多与不畅等都会影响沟通效果。

即问即答

① 非语言信息与"人际关系"是什么关系？
② 如何理解"神入"？扮演一下。
③ 举例说说你生活中遇到的影响沟通的个人性因素。

6.人际沟通原则

传递的信息内容与人际情感关系密切。同样内容的一句话，人际关系不同，效果不一样；同样内容的一句话，不同表达方式，会产生不同沟通效果、产生不同情感关系。

（1）人际关系好，沟通效果就好　例如，一位平时一贯诚恳、认真服务的业务员或服务员，一旦发生了某些疏忽，客户也会更多地选择谅解，"可能是实在有困难吧……"。例如，某投票大会上，某人在别人发言时玩游戏，当问他不听怎么投票？他说"只要×××举手我就举手"。不必沟通而达成沟通，是因为在平时已建立了相互信任的深厚友情。

（2）不同沟通方式产生不同情感关系效果　以"神入"、倾听、热情感性的态度进行沟通，则对方一般会报以放松的、接纳与信任的态度，形成友善、和谐、亲和力的氛围。

通常，人们总认为滔滔不绝的言谈就是沟通，许多人自以为能够凭"巧舌"说服麻雀从树上下来，这实在可笑。他们以为沟通就是说话，而忘了沟通的真义是彼此的关系。沟通的是人，不是语言，言谈只是一种途径。当彼此融洽时，几乎不说话也能心意相通。一个手势、一个眼神就能传达完整的意思。人有时候，真是奇怪，明明是一句牛头不对马嘴的话，对方却能听懂你真正的用意，为什么？心意相通。相反，当彼此关系恶劣时，千言万语也等于一句话没说，障碍依旧是障碍。所以，情感关系的融洽对沟通效果是有决定意义的。

当然除了情感关系融洽外，内容信息的清晰准确、有效地内容表述、有效地化解异议、恰当时刻恰当地提出要求建议，这些都决定着目标达成。

人际沟通原则如下。

① 沟通应以情感关系为重，情感为先、关系为重，先通情、再论理。这就要求在沟通中注意沟通方式，注意词语、语音语调与肢体语言的运用，避免让人难堪、受辱、误解。沟通中不能逆着对方感情说话，而应设身处地、顺着对方情感。在劝说时，听者对劝说人如有厌恶感，就会拒绝他的劝说；反之则善意接受。因为人类具有这样的特质：对于友好的人的话洗耳恭听；对于讨厌的人的话，即使在理性上接受，在感情上也会排斥。因此，如果想要对方听你的话并按照你所想的那样行动，必须首先获得对方的好感、建立亲和力。

② 信息内容清晰准确，有效地表述内容、化解异议，恰当地促成。

【实训1-1】

"记者采访"与介绍同学

实训目标 考核学员的亲和力、观察力、询问能力、文字整理能力，考核学员的销售力。

实训内容 你扮演"记者"角色，找不坐在一起的不太熟悉的同学，用3分钟时间采访他（她）、进行简单文字整理，然后角色互换；回座，上台介绍他（她），1分钟；在不介绍姓名的情况下，同学们明白他（她）是谁，并欣赏他（她）、觉得他（她）非常优秀；点评（评价要点：声音有中气、语音有热情；语言流畅；突出特别的优点，陈述有逻辑性即围绕特点；等等）；请被介绍者对你的采访与介绍做评价，并提出建议。

实训设施 学员，较宽敞的教室。

实训步骤 离开座位找到不坐在一起的不太熟悉的同学→3分钟采访他→互换角色，他采访你→回座→简单整理文字，发言提纲→1分钟上台介绍（不交代姓名的介绍）→点评→被介绍者评价与建议→记录实训报告（内容必须包含采访提纲、询问的问题、采访记录、发言提纲，被介绍者另记录对你的采访与介绍的评价和建议）。

【实训1-2】

传递口令

实训目标 表述力，聆听力，记忆力。

实训内容 类似于下述内容——班长对副班长传令："班主任说'在明天晚上7：15分，全班同学务必准时到行政楼3楼大会议室集合，要求大家穿好校服、佩戴校徽，带好笔记本与笔，听教育部的领导给大家作关于高职大学生如何学习看家本领的报告。'"副班长对班委如上传令；班委对组长如上传令；组长对副组长如上传令；副组长对小组成员如上传令。小组成员把接到的传令写在黑板上。注意：在整个过程中除了直接传令与被传令者之外，不得有任何话语，违者违规判负分。

实训设施 教室，若干组同学。

实训步骤 每组选出6人，定出6人姓名与角色，1号、2号、3号、4号、5号、6号分别为班长、副班长、班委、组长、副组长、组员角色，各组1号留在教室前排，其余都到室外，并关门→老师对1号传令，2号进来、传令给2号，1号坐到后排→3号进来、2号传令给3号、2号坐到后排→……→6号进来，5号传令给6号，5号坐到后排→各组6号同学在黑板上写出传令信息→点评、评优→记录实训报告。

【实训1-3】

填写表格：三类沟通特点比较表

项目	人际沟通	组织传播	大众传播
手段			
规模			
空间			
周期			
角色			
反馈			
信息			

【实训1-4】

台上演讲与台下闹腾

情景 你扮演班长上台宣布一项事情，其余同学在下面闹腾、前后走动叫喊。

实训目标 感受心理。

实训步骤 台上讲话与台下闹腾→感受心理→表述心情→感悟→记录实训报告。

【实训1-5】

"神入"实践

情景 当知道他的亲人故去了，哭肿了的眼睛、阴郁的神情，此时你将如何解劝？

实训目标 感受他人心情，考核"神入"技巧的掌握水平。

实训内容 一位同学扮演眼睛哭肿、神情忧郁的亲人故去的朋友；你劝慰他；点评。

实训设施 学员，桌子。

实训步骤 "心情不好的朋友"低头坐着，你走向他→劝慰→点评→记录报告。

第二节
民航旅客沟通

 理论知识

一、客户沟通

在人际沟通中以商业客户为特定沟通对象的信息传递过程，即为客户沟通。

1.种类

根据不同的客户对象类型，可以分为：销售员（包括营业员）对客户开展洽谈业务的销售沟通、服务员对客户提供餐食-休闲-售后服务的服务沟通等。它们各有特点，本教材主要着眼于服务旅客的客户沟通。

2.方式

客户沟通实践中可以采用多种方式与客户进行沟通，一般包括：口头沟通、书面沟通、电话沟通、网络沟通……。

客户沟通特点如下。

（1）口头沟通　直接、随意、立即反馈，信息全面，快速方便；但易失真、会有情绪化、表达不当，不够正式。

（2）书面沟通　有记录、可保存，正式，充分思考、严密表达、语意准确、有条理有逻辑；但费时、反馈慢，只是单一的文字信息沟通。

（3）电话沟通　相比口头语言只是文字信息、语音语调信息，信息不全面；但能够即时反馈。

（4）网络沟通　双项沟通、立即反馈，只是文字语言的沟通。

（5）会议沟通　有多人参与互动，是人与人之间的语言沟通与非语言沟通的综合，能够即时反馈。

（6）演讲　一人与群体的沟通，多为单向沟通，充分运用语言与非语言手段。

（7）辩论　人与人之间的即时反馈性沟通，多为证明自己观点正确，达成共识相对较差、人际情感关系性较差。

3.语言信息种类

作为人际沟通的一个分支，客户沟通运用语言符号与非语言符号进行沟通。其中语言符号包括文字符号，以口语与书面文字方式表达；非语言符号包括声音语言信息、身体语言信息、还有空间语言信息。

（1）文字语言　以符号代码来编译的信息内容，一般以口语与书面文字方式表达。

（2）声音语言　在口语表达时，声音的轻重、快慢、停顿、音质、清晰度等，表达出了多种含义。

语音、语调的变化，可以使得字面相同的一句话具有完全不同的含义。

如：一个"不"字，有完全不同的意思与态度。

谦虚地否定："不，这是我应该做的。"

一般地否定："不，还是让我回去吧！"

坚决地否定："不！我一定要回去！"

愤怒地否定："不！！我一定要揭发他！"

耍赖地否定："不不，这盘不算，再来一盘！"

　　按上述方式训练"不"。

　　（3）身体语言　以动态无声的面部表情及眼神、身体动作及姿势、言语表情、气质、外形、衣着与随身用品、触摸行为等非语言符号来表达或沟通信息。

　　（4）空间语言　沟通者之间的距离与领域即空间距离也是表达信息的方式，沟通双方所处位置的远近表达了某种信息。常见的沟通距离有：亲密区（0～0.5米）、私人区（0.5～1.25米）、社交区（1.25～3.5米）、公共区（3.5～7.5米），不同的人际关系运用不同的个人空间距离，也就是说不同距离表达了人与人之间的人际关系。

　　4.语言信息在沟通中的权重

　　在人际沟通中，尤其在面对面沟通的口头沟通中，不同语言信息在沟通中所占权重，根据心理学家的统计研究，三者有很大区别。其中：身体语言占55%、声音语言占38%、文字语言占7%，见图1-7所示。

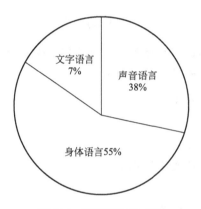

图1-7　语言信息构成图

　　① 电话沟通中有几种语言信息？各自重要性如何？
　　② 中国人与西方人的沟通语言方式有什么区别？

二、民航旅客沟通

　　1.民航工作事务

　　民航业是对住店客户提供餐饮、休闲、购物、机场酒店、旅行等服务的专门企业，工作事务繁杂，主要包括：售票、值机、安检、餐厅服务以及康乐、酒吧、会务、购物等服务工作。这些服务工作，涉及到机场地面服务人员接待工作、空中乘务员的空中服务工作、餐饮服务、会务与商务中心服务人员的商务服务工作，以及营销与公关部门人员的对外联系与营销工作。另外还包括管理者与员工之间的内部管理工作。

2.民航沟通事务

民航工作事务开展需要人际沟通，包括服务外部客户的客户沟通、管理者与员工之间开展工作的内部沟通。内部沟通事务包括：汇报请示、申诉、开会、商讨等上行沟通，指示、指挥、安排建议、总结批评等下行沟通，开会、建议、调节、商议等平行沟通与斜向沟通；民航客户沟通事务包括迎宾接待候机楼服务、空中实施、投诉处理等。

民航业是高度市场化的服务性企业，客户满意度关系着机场或航空公司的生存，而客户满意度与服务员提供服务时的沟通质量直接相关。简言之，空中乘务员和机场地面服务人员的沟通质量决定了服务产品的质量，从而决定了客户满意度、关系着机场和航空公司的生存与发展。

 能力训练

【实训1-6】

"说并动作"

情景 学员甲对学员乙说"我好想你"或"你讲得真好"，同时，

（1）眼睛侧视、看上、看下、东张西望；

（2）双手抱胸、手插裤袋；

（3）手指指着乙；

（4）对乙冷笑；

（5）低音、没有感情，低头不看乙；

（6）高八度地笑着；

（7）点头、微笑、眼光注视乙。

实训目标 让学员初步体验亲和力、表述力、自信心以及肢体语言表现，理解它们的内涵与意义。

实训内容 实施情景（1）～（7），学员乙说说其心理、学员甲描述其心理感受；学员们发表感悟。

实训设施 教室。

实训步骤 学员甲对学员乙说话并做肢体动作→学员甲心理感受→学员乙当时心理→其余学员听后心理感受→感慨体悟→记录报告。

【实训1-7】

应聘模拟

情景1 阿里巴巴公司招聘驻外销售员，要求吃苦耐劳、积极有亲和力、有电子商务知识背景。你参加应聘，模拟应聘。

情景2 西北航空招聘空中乘务员，要求大专以上、有相关专业背景。你参加应聘，模拟之。

实训目标 让学员初步体验亲和力、表述力、自信心以及肢体语言表现，理解它们的意义、自己的差距。

实训内容 模拟现场应聘。

实训设施 办公桌，学员A、B分别扮演应聘者与招聘经理。

实训步骤 准备→应聘现场过程模拟→点评→纠正性重做→记录报告。

第三节
有效沟通技巧

理论知识

沟通必有其规律与方法。"沟通有术也有效"，同时也存在很多不易跨越的障碍，让人好事多磨，如此才有学习的价值与必要。本节介绍沟通障碍、沟通方法、沟通力内含以及优秀沟通者的素质要求，及相关能力训练。

一、客户沟通障碍

案例1-3

服务员的委屈

一个深秋的晚上，三位旅客在南方某机场内中餐厅用餐。他们在此已坐了两个多小时，仍没有去意。服务员心里很着急，到他们身边站了好几次，想催他们赶快结账，但一直没有说出口。最后，她终于忍不住对旅客说："先生，能不能赶快结账，如想继续聊天请到酒吧或咖啡厅。"

"什么！你想赶我们走，我们现在还不想结账呢。"一位旅客听了她的话非常生气，表示不愿离开。另一位旅客看了看表，连忙劝同伴马上结账。那位生气的旅客没好气地让服务员把账单拿过来。看过账单，他指出有一道菜没点过，但却算进了账单，请服务员去更正。这位服务员忙回答旅客，账单肯定没有错，菜已经上过了。几位旅客却辩解说，没有要这道菜。服务员又仔细回忆了一下，觉得可能是自己错了，忙到收银台那里去改账。

当她把改过的账单交给旅客时，旅客和她讲："餐费我可以付，但你服务的态度却让我们不能接受。请你马上把餐厅经理叫过来。"这位服务员听了旅客的话感到非常委屈。其实，她在旅客点菜和进餐的服务过程中并没有什么过错，只是想催旅客早一些结账。

"先生，我在服务中有什么过错的话，我向你们道歉，还是不要找我们经理了。"服务员用恳求的口气说道。

"不行，我们就是要找你们经理"，旅客并不妥协，坚持要求见经理……。

【问题与思考】

① 服务员行为的目的是什么？

② 服务员的说话让听者（旅客）如何理解？

③ 在此情况下，旅客一般会如何反馈（语言与行为上的反馈）？

1.种类

在客户交往中存在很多影响有效沟通的障碍因素，一般包括：

① 听不懂；

② 理解错了；

③ 感受不尊重或侮辱；

④ 相互之间缺乏情感、公事公办；

⑤ 伤及感情（负情感）、情绪对立；

⑥ 你讲你的、我讲我的；

⑦ 其他。

2.原因分析

上述沟通障碍形成的原因是多方面的，概括为在内容信息方面的、个人心境方面的、价值观方面的、沟通技巧方面的因素。

（1）对内容信息的理解问题

① 语言不通或不同理解而形成的误解与语意曲解。

② 理解力差别，价值观与文化背景不同形成的不同理解。

③ 信息含糊与混乱、环境干扰、特殊的情景气氛的影响形成的理解偏差。

（2）心境态度问题

① 消极的心境与态度、不专注、对客户缺乏热情与礼貌。

② 对客户有成见、存偏见。

③ 与客户沟通时太自我、太直接、太要求结果。

④ 缺乏关注他人心理需求、没有同理心，缺乏对旅客心境与内心需求的理解。

（3）双方人格问题

① 个性（思维方式、表达方式、情感表露方式、聆听习惯）的不和谐。

② 外形不当。

（4）沟通技巧问题

① 话题发散没有针对性，表达太术语化。

② 没有把握恰当时机促成一致。

③ 其他。

二、有效客户沟通的心法与程式

根据客户沟通障碍分析，要成功地进行客户沟通，必须把握正确的心态原则、沟通程式。

【现场情景模拟】老奶奶买李子与3名小贩的故事，内容见案例1-4。

 案例1-4

"老奶奶买李子与3个小贩"的故事

老奶奶有一媳妇正怀孕，老奶奶去市场买酸李。老奶奶走到第一个小贩前，小贩A主动打招呼："大娘，要不要李子啊？我的李子全部又大又甜。"老奶奶听了，没理他就走开了。

转到小贩B摊前，问："李子怎么卖？"小贩B说："我这儿有两种李子，一种又大又甜，另一种酸酸的。请问您要哪种？"老奶奶说："那就来一斤酸的吧。"

当她经过小贩C跟前时，小贩C热情地招呼："老奶奶来买李子呢！"（注：寒暄套近乎，听起来像是说废话）

"嗯啊，我来买酸李。"

小贩C："老奶奶啊，别人都挑又大又甜的李子，您怎么买又小又酸的李子呢？"

老奶奶说："我儿媳妇怀孕了，特别想吃酸的东西。"（注：询问掏心窝）

小贩笑着说："真恭喜您啊！您对儿媳真是用心啊，如今像您这样疼晚辈的人已经不多了啊（注：一句赞美暖三冬，此时老奶奶心理那个美啊）。给怀孕的儿媳妇买水果，确实是要又酸又甜的、同时又要有高营养的。不过论营养啊，李子就比不上猕猴桃啰。猕猴桃号称水果之王，营养是最丰富的了，味道酸酸的，很适合孕妇吃（注：站在老奶奶立场为老奶奶出谋划策），不如买一斤半斤的回去给儿媳妇尝尝啊（注：不失时机地提议）？"老奶奶听了很高兴，就买了一斤猕猴桃。

接着小贩说："老奶奶啊，我这儿也有酸李子，还有您喜欢吃的熟苹果、白皮李、绵绵脆香瓜，可爽口了，今后您可以长期到我这儿来，我给你特别优惠，不论多少都九五折。这给您包好了，老奶奶您好走，下次记得过来啊（注：好的事后服务出真金）。"小贩C出摊扶着老奶奶走出水果摊。老奶奶听了连连点头，乐呵呵地走了。

【问题与思考】

① 小贩A无效是因为什么？更深一步考虑，产生沟通障碍的原因是什么？

② 小贩B取得成功销售沟通，其原因是什么？

③ 小贩C取得巨大成功，其原因是什么？更进一步考虑，他取得有效沟通的因素是什么？

④ 对你有什么启发？

⑤ 尝试总结：有效沟通的规律方法。

1.有效沟通程式

分析案例1-4、案例1-5，总结各种服务沟通事项，对各岗位的客户沟通事项进行典型化整合，整合构建一般化客户沟通模式，包括亲和关系建设、了解客户心理需求、有效表述、促成与异议处理、事后服务五个环节。

根据研究与实践经验，有效的客户沟通是上述环节按照正确程序开展的一个闭环过程（见图1-8）。

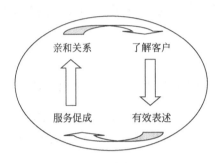

图1-8　客户沟通闭环

其中，每一个沟通环节都包含若干能力要素与程序以及各自能力标准要求。在单一沟通事务中，各沟通环节在客户沟通中占有不同的权重，据研究总结：亲和关系建设占40%、了解客户心理占30%、有效表述占20%、促成占10%，这构成了有效沟通"金字塔"（见图1-9）。

图1-9　客户沟通"金字塔"

2.有效沟通心法

根据有效沟通程式所要求的"五环节要素"与"闭环过程"理论，要求在客户沟通实践中首先要与客户建立亲和力，这就要求心中先有客户利益、关注客户的心理需求；要充分了解客户心理需求，就须先问多听，然后针对客户利益需求有效表述。

行为决定于心境，一切肢体语言与声音语言都是心灵的外在语言表现。优良的亲和力、有效表述与有效促成，都基于积极心境，沟通者必须建立与保持积极心境。积极心境是有效沟通的前提与基础、是有效沟通的核心要素，没有积极心境培养，沟通必定是无效的。

怎样养成积极心境，这是一个全球性的难题。各专家各门派提出多种方法穷解这一难题，本教材将在第二章亲和力内容中设计系列方法。但其中最核心的应该是：保持"无我"的心态、运用"太极"的思想。

（1）保持"无我"的心态　以客户为念，心中念着客户的利益与心理需求，忘掉自己。

（2）运用"太极"的思想　以阴制阳、以柔克钢、先顺后引、先防后攻、借力使力、一击中的。

① 以柔克刚、先顺后引　先谈论客户感兴趣的话题、认同客户的思想与需求，培养亲和力；然后转移话题、通过询问引导客户侃侃而谈，从而充分了解客户的心理需求。

② 借力使力、一击中的　想着沟通目的，而不是毫无目的地闲聊与情感倾诉，在了解客户需求、客户价值观与决策模式后，利用客户需求与价值观提供问题解决方案、在心动时机有效促成。"无"与"太极"，是中华文化对宇宙大自然规律的总结性描述。有"太极图"演绎宇宙规律，见图1-10。在武术中，张三丰的"太极拳"与李小龙的"截拳道"，都是基于"阴阳"哲学思想，流传至今。

图1-10　太极图

 **案例1-5**

空中服务中的"守""攻"之道

某航班飞行过程中，空中乘务员周某正在给头等舱旅客实施餐饮服务。

闲聊中，有位旅客旁顾左右，捋下手指上的一枚戒指，偷偷塞到空中小姐手里低声道："我下星期还要乘坐你们航空公司的航班，不知能否再见到你，到时请多多关照。"

空中乘务员周某略一愣，然后镇定自若地捏着戒指翻来覆去地玩赏一会儿，而后笑着对旅客说道："先生，这枚戒指样式很新颖，好漂亮啊，谢谢你让我见识了这么个好东西，不过您可要藏好，丢了很难找到。"

随着轻轻的说话声，戒指自然而然地回到了旅客手中。

旅客显得略有尴尬。

空中乘务员周某转换了话题："欢迎您乘坐本航空公司航班，先生如有什么需要我帮忙，请尽管吩咐，您下次乘坐我服务的航班，就是我航空公司的常旅客，理应享受优惠，不必客气。"

旅客正好下了台阶，忙不迭说："谢谢啦，谢谢啦。"

旅客低头用餐。

三、沟通力结构

抽象各种客户沟通事项所需要的沟通能力要素，经过整合形成一般客户沟通能力结构：客户沟通力=亲和力+知人力+表述力与异议化解力+促成力+服务力。

各能力又包含若干具体技能与标准要求。

① 亲和力包括积极自我沟通后的积极心态、良好形象、规范的礼仪与开场白、同步术运用，以及聆听、认同的有效运用。

② 知人力包括调研观察力、询问力、聆听力。

③ 表述力包括FAB效益表述、引导提示、异议处理的能力。

④ 促成力包括"热纽"判断、恰当促成的能力。

⑤ 服务力包括售后服务、处理抱怨、跟进的能力。

四、沟通者素质

总结成功沟通者的素质要求，包括态度、技能、知识三方面，构成"ASK素质模型"，见模型图1-11。

图1-11 ASK 素质模型

具体内容如下。

（1）态度=A（attitude） 认真、用心、爱心，积极乐观自信，能吃苦，坚持、毅力。

（2）技能=S（skille） 亲和力，观察力，沟通力，表达力，应变力，缔结力，服务力。

（3）知识=K（knowlege） 市场状况、行业状况，产品知识，企业情况（目标、战略、过去、现在、未来）、企业营销方法策略。

其中，A（态度）是核心，没有A即使有S、K也不发挥效果；S（技能）是关键因素，有效说服是需要方法技巧的；K（专业知识）是基础，是衡量服务或业务员是否专业、优劣的一座分水岭。

综合上述，总结民航服务人员的沟通素质要求为：

① 积极热忱、有服务意识；

② 对行业、企业、旅客心理需求有较多了解；

③ 从内而外构建优良的亲和力；

④ 善于观察、询问与聆听，即有良好的知人力；

⑤ 针对客户需求、按照客户价值观有效表述与化解异议，即有良好的表述力与异议化解力；

⑥ 在恰当时机提建议要求的促成力；

⑦ 结束服务之后提供良好事后服务的事后服务力。

 **能力训练** --

【实训1-8】

说一个自己在生活中的失败沟通情景

实训目标　让学员初步了解客户沟通规律与障碍，进一步训练学员的表述力、肢体语言与声音语言的表现，提供案例分析。

实训内容　举一个自己的经历，分析原因。

实训步骤　案例表述→原因分析→教训启发→同学点评（另包括他的语言表现）→记录。

【实训1-9】

说一个自己在生活中的成功沟通情景

实训目标　让学员初步了解客户沟通规律，进一步训练学员的表述力、肢体语言与声音语言的表现，提供案例分析。

实训内容　举一个自己的经历，分析原因。

实训步骤　案例表述→原因分析→教训启发→同学点评（另包括他的语言表现）→记录。

【实训1-10】

运用"太极"思想处理客户投诉

情景　客人甲从楼上下来抱怨说："你们怎么早上不叫我们起床呢？害得我都误事了，可能都来不及了。"

实训目标　让学员进一步理解与体验"太极"思想，体悟"无我"的心态。

实训内容　针对情景，你对客人甲回复。

实训设施　学员，前台。

实训步骤　客人甲抱怨→服务员回复→点评→服务员描述当时心境→点评→纠正性实训。

一、应知知识练习

1.沟通的基本要素是什么?

2.影响人际沟通效果的因素有哪些?

3.沟通障碍有哪些类型?产生客户沟通障碍的原因有哪些?

4.成功的客户沟通有哪些要求?对沟通者有什么素质要求?

5.简单谈谈你对客户沟通技巧的认识。

二、应会能力实训

1.节日到了,你要送一些"祝福"给你的亲朋好友,你将采取什么沟通方式?比较其优缺点。

2.定位不同职业工作,如民航服务、行政办公、公司业务销售、房产销售,谈谈你对成功客户沟通的理解。

3.他(她)处在下述情景,你尝试模拟演绎"神入"。

① 失恋。

② 应聘未被录用。

③ 省级比赛得了一等奖,心理好兴奋。

4.民航企业如何构建有效的沟通渠道?

5.思考训练

情景1 秘书传话

某公司的党委书记把工会秘书小陈叫到办公室,问道:"你们工会是怎么回事?听办公室的同志说,就差你们的学习计划没有报上来了!刚才我打电话找你们主席也不在。上次开会也没有出席,你们工会组织这种拖拖拉拉的作风要改一改了!"小陈只是默默听着,频频点头,虽然他知道主席最近因为儿子出差,小孙子患病住院,没有参加会议,并耽误了报学习计划,但小陈本来就是个胆小内向又怕事的人,又刚来上班不久,见书记是个急性子,也就不解释。只是回去向工会主席汇报:"主席,党委书记批评我们作风拖拖拉拉,说您上次没有参加会议,计划也没交,我们工会作风要改一改了。"主席一听,火了:"我家出了事,哪有时间管会议和计划,而且上次会议我不是向党办老李请假了嘛,这书记也太官僚了!"从此以后工会主席就对党委书记冷眼相看,党委书记也不看好工会。

【问题与思考】小陈沟通有什么问题?本来应该如何处理?

情景2 料事如神

在波斯的一所学校里,教师在教一位孩子时遇到了不少麻烦。"念A,"(在波斯文里念"阿里夫")老师教道。但那孩子抬起头来摇了摇,咬紧嘴唇不出声。老师耐着性子和气地说:"你是个好孩子,请跟我念A。"可那孩子嘴里只是发出"嗯嗯"的声音。老师没办法了,只好找来这孩子的父亲,两人一起求这孩子念A。最后孩子屈服了,从他嘴里发出一个清清楚楚的A字。教师被这成功所鼓舞，说："太好了，现在念B。"可那孩子却火了，用他的小拳头敲着课桌喊道："够了！我就知道念了A会有什么事。我念了A你就会让我念B，然后我就得背整个字母表，还得学读和写，后面还有算术题要做。这就是为什么我不愿意念A！"

【问题与思考】是什么原因导致人际沟通障碍？

情景3　黑色幽默

有三个人要被关进监狱三年，监狱长允许他们三个人每人只提一个要求。

美国人爱抽雪茄，要了三箱雪茄。

法国人最浪漫，要一个美丽的女子相伴。

而犹太人说，他要一部与外界沟通的电话。

三年过后，第一个冲出来的是美国人，嘴里鼻孔里塞满了雪茄，大喊道："给我火，给我火！"原来他忘了要火了。

接着出来的是法国人。只见他手里抱着一个小孩，那个美丽的女子手里挽扶着一个小孩，肚子里还怀着第三个。

最后出来的是一位犹太人，他紧紧握住监狱长的手说："这三年来我每天与外界联系，我的生意不但没有停顿，反而增长200%，为了表示感谢，我送你一辆劳斯莱斯！"

【问题与思考】三囚犯的不同结果说明了什么？

💡 知识拓展

一、组织沟通

组织沟通包括组织内部沟通与组织外部沟通，其中组织内部沟通是组织内部成员、部门之间的沟通，分为正式沟通、非正式沟通；组织外部沟通主要是与组织的外部公众的沟通，比如政府机构、社会单位、新闻媒体、合作伙伴、客户。

民航组织内部沟通方式包括：指示与汇报，会议与个别交流，内部刊物与宣传告示栏，意见箱与投诉站，网络沟通（局域网上的个人主页、BBS论坛、聊天室、建议区、公告栏），领导见面会与群众座谈会，家属联系（邮寄工作资料、邀请参加活动），电话、讲座、郊游、联谊会、聚餐，等等。

正式沟通又可以细分为上行沟通、下行沟通、平行沟通、斜向沟通等形式。民航正式沟通为由民航组织内部明确的规章制度所规定的沟通方式，包括正式组织所发布的命令、指示、文件，正式会议，正式颁布的法令、规章、手册、简报、通知、公告，员工之间因工作需要的正式接触。其缺点为：沟通速度慢、很刻板、信息易失真。

民航非正式沟通是以员工之间关系为基础，与组织内部明确的规章制度无关的沟通方式，它的沟通对象、时间、内容等都是未经计划和难以辨别的。非正式沟通的主要形式：员工之间的非正式接触、社交来往、非正式宴会、聚餐、聚会、聊天、人与人之间的小道消息传播等。这是民航良好氛围形成的必要条件，相对有较大的弹性。

民航外部沟通包括民航与旅客、旅行社、新闻媒体、政府机构、社区及其他组织的沟通。

二、管理沟通

管理沟通就是从事管理活动过程中的沟通，是围绕经营而进行的信息、知识、情报的传递和交换过程，管理沟通大量进行的是与各种管理职能密切相关的沟通活动，其重点是领导者、管理者与员工之间的沟通。这些沟通活动的成功与否决定了管理成效。

管理沟通从信息流向来看主要是下行沟通、平行沟通，所以是组织沟通中的一个分支。下行沟通是管理者与员工之间的沟通，包括指示、命令、赞扬、批评、通知、公告等；平行沟通是管理者之间的沟通，包括协商、建议、圆桌会议等。

第二章

亲和力

学习目标

知识目标	能力目标
1.理解亲和力的意义、概念，了解其培养方法。 2.理解自我沟通的概念、价值。 3.了解塑造良好形象的意义与基本要求。 4.理解见面礼的概念与要求。 5.了解"同步"的意义与概念、常用方法。	1.会初步进行自我沟通。 2.较正确地进行良好形象塑造。 3.会基本的招呼与寒暄。 4.会初步同步沟通。

学习内容

（1）亲和力概述

（2）积极自我沟通

（3）良好形象

（4）见面礼与寒暄

（5）同步沟通

（6）能力训练

情景活动与案例导引

情景活动

你是否令人讨厌？——亲和力测试

对下列每题做"是"或"否"的选择：

1.在匆忙行走的路上，别人向你打招呼"你好啊！"你会停下脚步、同他聊聊吗？　是/否

2.与朋友交谈时，你是否老是以自己为中心？　是/否

3.聚会中不到人人疲倦，你不会告辞。　是/否

4. 不管别人有没有要求，你都会主动提出建议，告诉他应该怎么去做吗？ 是/否

5. 你讲的故事或佚事是否总是又长又复杂、需要别人耐心地去听？ 是/否

6. 当他人在融洽地交谈时，你是否会贸然地插话？ 是/否

7. 你是否会经常津津有味地与朋友谈起他们不认识的人？ 是/否

8. 当别人交谈时，你是否会打断他们的谈话内容？ 是/否

9. 你是否觉得自己讲故事给别人听，比别人讲给你听有意思？ 是/否

10. 你是否常提醒朋友要信守诺言，提醒他"你记得否？""你忘了吗？" 是/否

11. 你是否坚持要朋友阅读你认为有趣的东西？ 是/否

12. 你是否打电话时说个没完，让其他人在一旁等得着急？ 是/否

13. 你是否经常发现朋友的短处，并要求他们去改进？ 是/否

14. 当别人谈到你不喜欢的话题时，你是否就不说话了？ 是/否

15. 对自己种种不如意的事情，你是否总是喜欢找人诉苦？ 是/否

选"是"记1分，选"否"记0分，统计总分。

你的总分是____

如果总分多于5分，说明你在许多方面令人讨厌，在日常交往中要注意改进。下面一起来学习如何提高自己的亲和力。

 **案例导引**

"温情服务而不是你的规定"

机场一般最忌晦有旅客在机场公共区域特别是候机楼内做出不雅姿态，这会严重影响机场的整体形象。

某日候机楼内有一旅客在休息区域的沙发上睡着了，姿态非常不雅：整个人侧着睡占了两个座位，脱了鞋的脚搁在旁边座位上，很多想过去休息的旅客"望而生畏"，这时机场地面服务人员李某也意识到了应该去处理一下这个问题。于是他走到旅客身前轻轻地摇醒了旅客，礼貌地跟旅客说："先生，对不起，这里不能睡觉，这里是给旅客坐的。"旅客睡眼惺忪地望了一下李某，似乎有一丝不满，说道："为什么不能睡，你这里不是给旅客休息的吗？我待会在你们这里搭乘飞机，为什么我不能在这里休息一下，你这里又没写只能坐不能躺。"说完没有任何想起来的意思，似乎对李某搅了他的美梦非常不满。这下可把李某难住了，如果不马上处理被领导看到可是要受批评的，于是立刻寻求领班张某的帮助。张某听完后马上来到休息区，微笑着走到旅客面前，礼貌地向旅客说道："先生，不好意思，打搅你一下，您看今天外面气温比较低，您如果睡在这里的话肯定会着凉的，如果您累的话到vip房间睡比较好。"旅客睁开眼未动。张某继续保持微笑向旅客说道："而且我们这里的沙发是为旅客临时休息设计的，比较窄，您万一睡着了，稍微一翻身，就容易掉下来伤到您。"话毕张某一直保持着微笑等在旅客边上，旅客迟疑了一下起身走了。事后李某向领班张某请教，张某告诉李某说：你没有从旅客角度出发去考虑，旅客需要的是你的温情服务，而不是你的规定。李某听了恍然大悟。

第一节
亲和力概述

理论知识

观念："一切沟通的质量取决于沟通者本身的质量！"

一、亲和力意义

客户沟通是与客户进行的一场心理互动过程，在这一过程中客户的心理感受是首要的，客户对服务员的心理好恶决定着沟通行为是否继续。民航产品质量的高低，取决于客户对服务的心理满意度，而服务一般是内含着服务员的言行动作，所以客户的满意度取决于服务员的沟通行为。优秀的沟通行为使得客户产生开心、愉悦心理，继而欣赏、信任服务员言行，从而接纳服务员建议、配合服务员服务工作，进而满意民航服务。

与客户培养亲和关系是客户沟通的首要环节，是成功客户沟通的前提，这就是亲和力的价值意义。有研究者认为亲和力占成功沟通40%的权重。

成功接待

领位员小吴在焦急地等待一个迟到的旅游团。该团原订用餐时间是晚6时，可现在已经到了7时，客人仍不见踪影。又过了半个小时，小吴才看见导游带着一群客人向餐厅走来。

"您是××旅游团的陪同吗？"小吴忙走上前问道。

"不是。我们团队没有预订，但由于飞机延误起飞，想在你们这里用餐，请务必帮忙解决。"陪同向小吴解释到。

"请您稍候，我马上替您联系。"小吴忙说。

"实在对不起，我忘记告诉您。卫生间在餐厅的右侧。请您先带客人去，我马上就回来。"小吴说毕就去找餐厅经理联系。

经过联系，餐厅同意了客人的要求，并决定请客人先用原订旅游团的餐位。

小吴刚把这批客人安排落座，那个预订过座位的团队就赶到了。

"实在对不起，先生。你们已经超过原定时间很久了，所以您原订的餐位已经被人占用。不过，我先带你们去休息室休息一下，马上就给你们安排座位，时间不会太久。"看着这些面带疲倦的客人，小吴急中生智地对该团队的陪同说道。小吴带客人去了休息室，告诉他们卫生间的位置，并让其他服务员为他们送来了茶水。然后急忙回去联系餐位。

10分钟后小吴赶到休息室告诉客人，仍需等一下，并问大家休息如何。大多数人对小吴积极主动的服务态度表示理解。又过了5分钟，餐厅终于完成了撤台、摆台、通知厨房出菜等餐前准备工作，小吴再次来到休息室对陪同说："对不起，让大家久等了。我们在餐前与你们的联系不够，没有及时掌握大家晚来的原因，致使大家等候，请原谅。"

　　"这次迟到主要是我们的原因，饭店能在这么短的时间内为我们重新准备好晚餐是相当不错的，让我们感谢他们主动热情的服务。"陪同带头鼓起了掌。

　　客人们怀着满意的心情，跟随小吴走进了餐厅。

二、亲和力概念

　　亲和关系是指与客户沟通过程中，服务员从内心到外在传递友善信息给客户，因此客户产生一种开心、愉悦继而欣赏、信任的心理感受，从而建立起与服务员之间的亲切友好的人际关系。这种与客户亲和关系培养的能力或是这种让人感觉亲切和善的素养就是亲和力。

　　服务员的亲和力表现为积极心态与服务意识、良好服饰仪态、合乎礼仪的见面礼与寒暄、询问与聆听、认同等方面。

 案例2-2

"服务太好了！"

　　8月的苏州，天气炎热，但到这里来的旅游者仍络绎不绝。

　　某星级饭店里住满了来自各国的旅游者。其中一位孤僻的美国客人住在这里已有一周。他不善言笑，总是板着脸，就连服务员向他笑脸相迎他也不露声色。

　　此君每天总到自助餐厅吃早餐。每当吃过盘中自选的食品后，他总要在台上寻找一些什么东西。一连两天都是这样。第一天服务小姐笑着问他需要何物，没有得到答复。第二天服务小姐又耐心地询问，仍然没有得到回答，搞得服务小姐好不尴尬。当这位美国人正要走出餐厅时，服务小姐又笑着问他是否需要帮助，于是"香蕉"一词终于从他的嘴中吐出。第三天当他按时出现在餐厅时，一大盘美味的香蕉呈现在美国人面前，这情形让他震惊，使他绷紧的脸第一次有了微笑。

　　在以后的几天内，此君每天早上都能享受到香蕉。

　　几个月后，这个冷面人再次光顾了这家饭店。次日早上他步入自助餐厅时，自以为这次餐厅不会有香蕉。但他错了，在与上次同样的位置上仍摆放着引人注目的香蕉。小姐笑着告诉他，总台服务员昨晚已经通知了餐厅他入住饭店的消息。

　　"服务太好了！"这位冷面先生的脸上不禁露出了感激之情。

三、亲和力程式

亲和力培养是若干要素的逻辑发展过程，见图2-1。

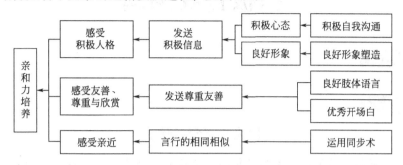

图2-1 亲和力培养的逻辑示意图

如图2-1所示，在服务工作的客户沟通实践中，一般采用下述步骤构建亲和力：积极自我沟通→良好形象礼仪→优秀开场白→沟通中运用同步术。

所以，亲和力培养应从积极自我沟通、良好形象塑造、得体的见面礼仪与寒暄、同步沟通等几个项目依序展开训练。其中，积极自我沟通是核心、基础。

即问即答

① 你与别人交往中习惯上急于做什么事情？选____（A.急于自己先说服务或产品的优点好处；B.先与客户寒暄闲聊一番）

② 让别人喜欢你接受你，你觉得怎样做比较有效？你的心得是什么？

能力训练

【实训2-1】

说说生活中被别人一下子就喜欢的情景（对你有良好的第一印象），回顾分析原因。

实训目标 考核对亲和力的理解与你的表述能力。

【实训2-2】

说说生活中被别人一下子就讨厌的情景，回顾分析原因。

实训目标 考核对亲和力的理解与你的表述能力。

【实训2-3】

扮演前厅服务员接待客户，要有亲和力。

情景 有客户走向前台，你准备接待他。

实训目标 初步体验接待旅客的要求，初步体验亲和力。

实训设施 学员、前台。

实训步骤 旅客走向前台→你准备→招呼……接待旅客→点评。

第二节
积极自我沟通

因为心态变怠慢了

一天，北京某酒店宴会部的预订员孟小姐接到了某大公司总经理秘书赵先生打来的预订电话。对方在详细询问了餐厅面积、餐位、菜肴风味、设备设施、服务项目等情况后，提出预订一个三天后200人规模的高档庆典宴会。孟小姐热情地向客户介绍了各种情况，双方开始约定见面时间。

赵先生提议道："小姐，请你明天上午9点到我们公司来签一下宴会合同，并收取订金。"

"我们这几天业务繁忙，人手不够，还是请您抽空到我们酒店来一趟吧。"孟小姐答道。

最后，赵先生同意下午来查看场地，并签订了协议。

放下电话，孟小姐感到十分高兴，暗自寻思：没想到今天预订的生意这么好，这已经是第十个预订电话了，看来这个星期的预订任务是没有问题了。

此后，孟小姐又接了几个电话，都是小宴会厅的中、低档客户。孟小姐对待他们的态度显然没有那么热情了，接电话的时间也显得拖拉起来。这些电话中有一位山西口音的李先生，要求预订当晚淮扬风味的8人小型宴会，每人标准100元。孟小姐很不耐烦地告诉他，预订已满，请他到其他地方预订。

下午，孟小姐一心在等赵先生的到来，结果却只等到一个回复电话。

"对不起，小姐，我们李总不想在你们酒店预订这次宴会了。"赵先生说。

"为什么，是不是需要我亲自到你们公司去一趟。"孟小姐急忙问。

"不必了。我们李总就是刚才给你打电话预订8人宴会的那个山西人。他说连8个人的小宴会都接待不了，还谈什么200人的大宴会呢！所以他指令我把宴会订到其他地方。"赵先生含有歉意地解释着。

"这……"孟小姐顿时感到茫然。

若要沟通别人首先要沟通自己！

一、积极心态

服务人员的首要素养是积极心境与服务意识，这决定着亲和力与民航服务的质量。

案例2-4

满意加惊喜的服务

25岁的徐某2000年来到东方航空公司，一直担任空中乘务工作。与他一同来航空公司的空中乘务员因为耐不住这份工作的辛苦和琐碎，已相继转行干别的了，只有徐某，在这个岗位上一干就是7年。7年来，他以比对待亲人还亲的感情，对待每一位求助的旅客，赢得了旅客的称赞。

一天上午，像往常一样，徐某正在客舱内巡舱，随时准备为旅客提供帮助。这时一位台湾旅客要求与他小声说话。原来旅客的腰带扣突然断了，想请徐某帮忙解决一下。考虑到旅客马上要下飞机了，徐某将旅客领到洗手间，将自己的皮带解下来，请旅客先解燃眉之急。旅客高兴地随旅游团下了飞机，徐某从过夜箱里找到了备用腰带系上，又开始为其他旅客忙碌起来。第二天在航空公司，台湾旅客的朋友给徐某送来了一条崭新的皮带以及一封表扬信。

徐某说，他理解的空中乘务服务就是旅客"满意加惊喜"，让旅客自踏入客舱到离开客舱，自始至终都感受到无微不至的关怀和照料，而他则努力成为一个旅客旅途中可以依赖的朋友，一个可以帮助解决麻烦问题的知己，一个个性化服务的专家。这也是对专业乘务员品质的要求：见多识广、经验丰富、谦虚谨慎、热情、善解人意。

"客户沟通（销售）是信心的传递与情绪的感染"。对于客户，往往是因为服务员或业务员充满自信、充满激情与兴奋而被感染，进而感动，最后心动，从而接受你的观点、与你达成一致的。因此心境在很大程度上决定了成功与失败，积极心境意味着机会、成功与高效益。

二、积极自我沟通的价值意义

如何培养积极心态？

积极自我沟通！

只有内心相信自己、认可自己、喜欢自己，你才能相信别人、喜欢别人，才能发出热爱的情感信息；只有影响了自己、说服了自己之后，才能真正激发发自内心的热爱、热诚、兴奋，汇聚成情感的感染力，潜意识地、无意识地使他人接受，而不是被说服。因为：沟通别人←产生感染力影响力←激发内心潜能←影响自己-积极心境←积极沟通自己。

积极自我沟通有效激发自信，形成良性循环，造就自己成为"赢家"。即：积极自我沟通→积极心境→巅峰情绪、激发内心潜能→高感染力→→感染客户、影响客户→客户接受（你与产品或服务）→高成功率→激发自信→良性循环→赢家。这正符合成功学的"心行果"逻辑：心态→观念→积极的肢体表现与行为→取得成绩→良性循环→赢家。

总结积极自我沟通的作用意义如下。

① 积极自我沟通决定了积极心境，而积极心境是沟通力的首要素养，也是亲和力的核心，所以积极自我沟通核心地决定着亲和力与沟通力。

②积极自我沟通决定着积极心境，从而感染着客户，进而有效沟通客户。

③积极自我沟通激发自信，形成良性循环，造就自己成为"赢家"。

积极自我沟通是客户沟通的核心、前提与必需环节，没有良好的自我沟通就没有积极心境，也就难以建立亲和力，于是难以开展有效沟通。

三、积极自我沟通的内涵

自我沟通就是I对me的沟通，即自己与自己就有关自己的事物（自己、观点建议、所在的单位、遭遇等）进行价值评判。

作为民航业服务人员要通过积极自我沟通，培养在民航服务工作中保持积极心境、主动服务意识的素养。

案例2-5

"迎进一位客人，送上一片温情"

广州白云机场的施某自从做了机场的迎宾员，每天九个多小时站在机场门口，迎来送往已有五年。不管别人怎么看，小伙子却觉得"职微责重，从某种意义上来讲，是代表了整个特区形象、整个国家形象"。一次，某银行厦门分行董事吴先生准备搭乘飞机出国开会，但在下车时因病咯血不能自行去就医。当天下午3点多钟，小施正准备下班，看到这一情况后，立即叫了一辆出租车，陪客人去看病。从医院出来时，天色已晚，医院附近没有车子，施某又徒步走了很远，为客人叫来一辆出租车。

【问题与思考】

① 应该如何看待各种民航岗位工作？应该报以怎样的心态？

② 服务员面对客户应该是怎样的言行举止？

四、积极自我沟通的方法

综合总结目前成功学、潜能激发、销售与客户服务、沟通的实践与培训中所采用的方法技巧，自我沟通的方法归结为下述八个方面，见图2-2。

积极自我评价是为了达成相信自己、爱自己，从而激发爱与欣赏的心境，这是一切的前提；明确目标计划是激发内心的潜藏梦想与对梦想实现的信心；心存感激是焕发感恩的心，恢复会感动、谢恩的心灵；积极解释、积极聚焦是要我们从正面看问题、关注正面，用积极手段应对沟通情景，因而回复阳光心灵；心理热身即是积极自我暗示与心理预演，活力身体状态就是通过肢体动作来激活兴奋，通过激活身体与心理从而激发兴奋状态；反省反馈是借助外部心灵来比照、发现不足，从而调整、进一步完善心境。每一种方法都有各自具体的措施，但确切地说它们的有效性基于学员各自的实践力度。正应了俗语：施多少肥，打多少粮。

1.积极自我评价

只有肯定"自我"，才能有感染力！所以先说服"自己"：认可"自己"、喜欢"自己"。

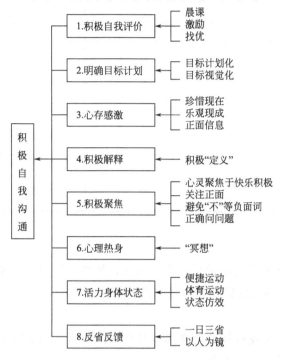

图2-2　积极自我沟通体系图

其中，"自我"的内涵包括自己、自己身边的亲人与家庭、自己所在的学校或企业、自己所读的专业或从事的工作、自己企业的产品或服务、自己的思想观念等。

面对生活与工作中的自己、单位、工作、产品或服务，须做如下积极自我沟通。

（1）积极看待自己　以"我是最棒的！"来进行自我激励。可通过早晨大声诵读"优秀自我评价"以进入潜意识，从而影响心境、激励自己，使自己处于自信、激情的心境。

（2）积极看待单位　"本公司（单位）是优秀的、诚实的、有长远发展的、有优秀企业文化的、可靠的"。

（3）积极看待服务（或产品）　"我所提供的这种服务（或产品）或建议正好能帮助客户解决问题需求，是客户急需的东西，是超值的"。

实践中可以采用如下方法来进行自我沟通激励，养成习惯，可达成积极心境。

（1）晨课　每天早上对自己、面对天空（或行人）大声朗诵20遍"我是世界上最优秀的……"、"我是世界上最棒的……，因为……"，如《世界上最伟大的推销员》中所著述与推行的那样。

（2）激励　欣赏具有自励性的音像作品，如《我们是冠军》、《生命的金杯》、《相信自己》、《真心英雄》、《不要认为自己没有用》、《小草》、《独一无二》、《超越另一个自我》、《好还要更好》、《从头再来》等。

（3）找优　挖出"自我"的优点与价值功效、曾经取得的成绩。

填写积极自我评价表（见表2-1）。

表2-1　积极自我评价表

对象＼评价	优点及价值（效用）	曾经取得的成绩
自己		
单位		
服务或产品		

2.明确目标计划

明确目标计划能够使人激发梦想、扩大胸怀，从而激发兴奋、激情与豪情；使人积极聚焦、看到可行性，从而唤起信心、激发动力、忍受逆境。

实践方法如下。

（1）计划化　列出实现目标的清晰路线图与时间安排，以数字清晰地列出，即要有路线图、时间表，要数字化、明晰化。

（2）视觉化　把所要达成的目标以实物代替、以图画表格展现，并放在显眼处，以不断刺激感官。其中实物与图表，可以是自己所梦寐的房子、车子、度假地等的模型与照片；显眼处，可以是桌边、床头、客厅、卫生间等。

3.心存感激

在与客户沟通中需怀有感恩的心，才能友善待人（包括难以说服的客户），最终感动与感化客户；能熟练运用正面词汇，如"最近好啊，忙极了……"，使得客户愿意与你交流，因为客户一般会比较厌烦与逃避情绪低落。

在实践中一般采用如下方法。

（1）珍惜现在　接受与珍惜现在所拥有的一切，包括自己、父母、职业、地位成绩、公司、产品或服务、所有的一切。

（2）乐观现成　欣赏现在所拥有的，感受相关影像作品，如《感恩的心》、《把握这一刻》、《心手相连》等。

（3）心怀感谢　因现在所拥有的一切，对世界抱有谢意。

（4）运用正面词汇　运用正面词汇积极沟通自己与他人（尤其是客户），比如"很好啊"，"啊！好极了，愉快得很"，以及由衷的肢体语言。

案例2-6

爱 心

一对上了年纪的老夫妻在一个寒风刺骨的夜晚，敲开了路边一间简陋的旅店的门，但很不幸，这间小旅店早就住满了。

"这么冷的天气，我们该住哪呢？我们都寻找了十几家旅馆了，没想到这一家还是客满。"望着店外阴冷的夜晚，这对老夫妻哀叹道。

这时，店里一个小伙计看到两位老人岁数已经很大了，再受冻，真是于心不忍。于是，他让这对老夫妻睡在自己的床铺上，而自己在店堂打了个地铺睡了一晚。

这对老夫妻非常感激，第二天离店的坚决要按照住店的价格给那个小伙计钱，但小伙计坚决拒绝了。临走时，老夫妻开玩笑似地说："你经营旅店的才能足够当一家五星级酒店的总经理。"

"这倒不错，那样的话我的薪水完全可以让我的母亲安享晚年了。"小伙计也开玩笑地随口应和道。

两年后的一天，小伙计收到一封来自纽约的来信，信中夹有一张来回纽约的双程机票，信中邀请他去拜访两年前睡他床铺的老夫妻。

小伙计应邀来到纽约，老夫妻把小伙计带到第45大街和34街交汇处，指着那儿的一幢摩天大楼说："这是一家专门为你兴建的五星级宾馆，现在我们正式邀请你来当总经理。"

这就是希尔顿。

即问即答

① 你对你所在的学校报以什么心情？

② 对批评过你的老师，是怎样一种心情？

4.积极解释

令人不愉快的遭遇，在人生路途中谁都无法逃避，但我们可以选择有效面对，这就是运用正面解释来排解。比如，对于"遭受客户拒绝"，重新"定义"为"这不是拒绝，只是还没有沟通到位，这是再沟通的邀约" / "没有失败，只是尚未达成结果"。

凡事有多面性，所以对事情应该从积极角度来解释，给自己以良好的希望、信心，留存一份乐观。

① 客户嫌你的公司小，你怎么自我解释和对客户解释？

② 客户嫌你的机票贵，你怎么解释？

③ 客户对你的航空公司提供的服务"鸡蛋里挑骨头，不断地挑刺"，你怎么面对这种挑刺行为？

④ 面对客户的抱怨与大骂训斥，你怎么自我沟通？如何重新定义？

【问题与思考】

① 在相亲时，如何面对自己的"较胖体形"？对此如何积极定义？

② 如何面对被领导批评？

③ 如何面对客户或同事的非难闲话？

5. 积极聚焦

积极聚焦可以有效地创造积极心境。积极聚焦包括心灵关注积极事情、注意正面事物、避免负面词语、正确问问题等方式。

（1）心灵关注积极事情

案例2-7

一场生日宴会的不同感触

一场同学生日宴会，小张因为有要事赶不回去参加，就请小王、小李把生日场景拍摄下来日后欣赏。小王与小李各自摄像，小王专门对着好的场景（完全正面快乐的情景）拍了近一个小时，小李专门对着糟糕的场景（完全负面的杯盘狼藉的情景）拍了近一个小时，然后两盘带子给了小张。小张回家一一欣赏。

【问题与思考】

① 小张看后会有什么感慨？

② 小王、小李各是什么样的人？

【结果】同一场宴会，2个截然不同的世界，2种相对的感慨。

因为"注意力=事实"，所以我们所看到的、所注意到的对我们才是有意义的，才是构成心灵感受的。意味着：大脑关注什么，就感受什么。这样的结果很可怕！心灵摄像机的关注角度决定了人生的感受。因此，应该关注"注意力"！

实践中要求：心灵摄像机关注于快乐、顺利、积极的事情！

（2）注意于正面事物

案例2-8

算一道计算题

在黑板上快速地演算算术题"1+8=9，2+7=9，3+6=9，4+5=9，6+2=9，7+2=9……。"看看是什么反馈？

反馈：同学们喊叫说"6+2=9"错了。

【问题与思考】

为什么会这样（关注错的、忽视对的）？为什么："人生99件事情做对而最后一件做错，则唯一一件做错的事被深深关注且牢牢不放过？"

因为负面的东西比较独特！负面事物的吸引力一般4倍于正面事物的吸引力，所以注意力有负面偏好（偏好于关注负面、丑恶的东西）。比如：看报刊喜欢看什么？在大街上什么场景最有吸引力？

可这样做（关注错的、淡忘对的）没有好处。这样做只能让人体会丑恶与痛苦，最后异化心灵。如不加以掌控，其结果：天天或经常处于这样负面的环境中，收获的是负面信息，最后形成的是负面的人。"孟母三迁"的故事说明了环境对于人的成长的重要性，不然中国就少了一个"亚圣"孟子。

所以"成功是习惯性的正确思维方式，即积极正面思维与关注积极"。

因为："成功←有效行为←优秀习惯←优秀性格←积极思维"。

故生活与工作中要求：注意正面事物。

（3）避免用"不"、"别"等负面词句。

课堂训练

实践下述动作

① 因关心别人而善意地提醒与鼓励朋友："不要紧张！千万别紧张啊！！"

② 小朋友端着一杯水颤颤抖抖地走向你，你紧张地大声说："宝宝，千万不要摔倒！"

③ 老师说："想象一个柠檬切一半在手中→捏之→流出柠檬汁→把柠檬汁滴入嘴中→千万不要流口水！。"

作为听者角色的你，你是什么心理感受？

原理：潜意识能量是意识能量的3万倍，潜意识没有智慧、没有逻辑判断力。

所以，潜意识不能辨别"不、不要"，对于"不、不要"等语句，则直接忽略而强烈关注"不"后面的词句"……"。因此，潜意识关注"不"后面的"负面事物"的力量是有意识"不要关注"力量的3万倍；同时，什么时候的潜意识最强？幼年时、意识模糊时、大脑混乱时、紧张时……，所以，小朋友是听你的指示而"倒"、朋友听你的建议而"心中紧张"，你是指挥者。

所以"不……"的结果是自然地就只有"关注负面事物!"

实践中的要求如下。

① 避免运用"不……"、"别……"等负面词语，比如类似"不要怕"、"别紧张"、"不要难过"、"不哭"、"不用担心，绝没问题"等词语。

千万避免："你绝对不用担心，这房子牢靠得很，绝没问题！"——这是在提醒客户想："哎，这房子有没有问题啊？"

"你绝对不用担心，民航的服务质量，绝没问题的！"——这是在提醒客户去想："服务有问题吗？"

② 采用类似说法

a."天天，真乖，好、好，过来、就过来。"

b."啊啊，想想上次你多棒啊"或干脆转移话题，以询问吸引他的注意力，让客户大脑中没有闲暇去想负面信息。

c.销售中运用"二选一法则"，如"给你包A款还是B款？"

③ 运用思想法则，"注意于你想要的，而不是你不要或你所恐惧的"。

课堂训练

① "千万不要想红色，千万不要……"，眼前什么颜色？
② 试试"鼓励行为"——鼓励你的朋友上台比赛（或上讲台陈述）。

（4）正确问问题

课堂训练

① "今天礼拜几？"
② "能力重要还是文凭重要？"→"怎样才能……？"→"那你要怎么办？"
③ "为什么我这么胖？"→"为什么我这么贪吃？"→"我就是只从小就贪吃的小猪！"→于是放弃吃戒，自暴自弃……。

【问题与思考】

问有什么结果？不同方式的提问有什么不同结果？

原理：问题引导注意力。

因为有什么提问就有什么思维，就有什么回答，就有什么心境。故有："问题→思考→注意力→心境→行为→结果。"

自信心来源于：对自己的积极注意→喜欢自己、肯定自己、赞赏自己！

所以要：问对问题！！

实践中正确问问题的方式如下。

① 成功者之问："我哪些地方不错？我要怎么做才能更好？"即典型的刘邦型问计张良"如之奈何"，即"下一步该怎么办……？"

② 失败者之问："为什么我这么倒霉？为什么今天发生的这事偏让我碰上？""为什么我……？"即典型的项羽型泣叹"虞兮虞兮奈若何"。

6.心理热身

心理热身可使心灵激荡、让人产生充满必胜的成功感觉，心理热身可以释放潜意识力量。实践中常采用"冥想"方法、"精神电影放映"等。

（1）"冥想"五步骤　回想成功经历→闭眼、深呼吸、放松→想象最佳结果→说出一个成功达成理想目标的肯定叙述句→抓住这种感觉。

经常练习，形成习惯，让自己随时处于最佳状态。

（2）"精神电影放映"　类似上述动作，如看电影一样在脑中积极地放一遍。

7.活力身体

原理："身心互动"，身体状态与心境相互影响。

（1）心境→身体状态　如"春风得意马蹄疾"、"志高气岸"。

（2）身体状态→心境，即动作创造情绪　如"垂头丧气"，即垂头则丧气；长期窝着趴着、闷看闷坐闷做→闷闷不乐；反之，一场篮球运动或羽毛球赛，则可完全扫除被训或遭拒的郁闷。

所以有活力的身体状态，可以产生积极的、有活力的心境。

实践中有效方法运用如下。

（1）便捷运动　包括"厕所工程"、楼梯运动、昂首挺胸、轻快走路。

"厕所工程"是指在厕所中洗脸、做脸部运动、伸展手脚运动以及检查准备工作。

（2）体育运动　各种球类、操类运动以及办公室运动。

（3）状态仿效　仿效自己曾经顺心顺利时的身体状态、自己崇拜或欣赏的偶像的样子——他走路和运动的样子、脸部表情、习惯动作等。

注：在NLP（neuro-linguistic programming，*神经语法程式学*）学说中，仿效包括外表、思想、策略三个方面，三者合一的仿效是达成成功的有效捷径。可参考安东尼·罗宾、里查·班德勒、陈安之的"潜能开发"相关作品。

总之，让自己处于有活力的生理状态。

8.反省与征询反馈

（1）吾日三省吾身　与自己心灵对话沟通，时时让自己的心灵查看到自己的成绩与不足，分析之、采取有效措施改正之。

（2）征询反馈　以人为镜，请别人指出自己的不足、特点，分析与找出根源，真诚地求教改进方法与成长建议，积极采纳加以改进。

 **能力训练**

【实训2-4】

"如何看待自己"

情景1 在机场工作的自己，高职大专毕业，在门房已经干了一年，尚无更换的迹象。

情景2 在机场门房岗位工作。

实训目标 考核与训练学员的自我沟通能力、积极思维素养、语言表达能力。

实训内容 就不同情景做积极自我沟通，把自我沟通的内容表述出来。

实训步骤 选取情景→准备1分钟→上台表述→点评→记录实训报告。

【实训2-5】

"被客户批评甚至责骂"的自我沟通

实训目标 考核与训练学员的自我沟通能力、掌握"积极聚焦"与"积极定义"的水平、语言表达能力。

实训内容 就上述题目情景做自我沟通，把自我沟通的信息内容表述出来。

实训步骤 准备1分钟→上台表述→点评→记录实训报告。

【实训2-6】

"在机场工作的目标计划"

实训目标 考核与训练学员的目标设定、实施计划的能力，以及信息语言方式设计运用的能力。

实训内容 把设想的目标与计划，用文字、声音、图像、模型等表现出来。

实训步骤 准备1分钟→上台表述→点评→记录实训报告。

第三节
良好形象塑造

 **理论知识**

积极自我沟通造就积极心境、焕发良好精神面貌，再加上良好形象，这将给客户产生良好的第一印象，形成亲和力。

一、良好形象塑造的意义

良好形象给客户留下良好的第一印象，从而取得客户的好感与信任，收获进一步沟通的机会，可以说就有了50%的成功。

我国很多这方面的俗语就很能够说明问题，比如"人靠衣装马靠鞍"、"以貌取人"、"三分长相七分扮"……。重要的是，这种第一印象很有生命力，会影响人相当长的时间，"七秒感觉＝七年印象"。这种现象在心理学上称为"首因效应"或"知觉偏差"，所以我们就应该把握它的规律、顺应它的规律，采取正确行为以让客户产生良好的第一印象。

二、良好形象塑造的要求

"在交流初始，人们一般是先看（穿）再听（说）"。

也就是说，客户对你（服务员或业务员）的第一印象来源于：远观仪态、近察衣着与表情神态、再听开口话语。所以人首先是看形象的，因此往往容易被人误解，孔子曰"以貌取人，失之子羽"，这是很可惜的。

良好形象决定着第一印象，而良好形象一般包括：言行举止、音容笑貌、衣着打扮。具体要素如下，如图2-3所示。

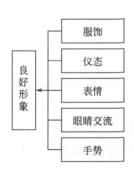

图2-3　良好形象要素

1.衣着服饰

衣着是内心的外在信息表达，反映了品质、价值观、好恶、尊重等信息。男女服饰有很大区别，同时也有共同之处。

（1）男士服饰

① 一般服饰要求。采用中性服饰即职业装，要求着西装、领带、皮鞋，适用于服务员、业务员，具体如下。

a.颜色。黑、灰、深蓝色外套衣裤；衬衫为纯白、深蓝、深色，避免黄色、绿色等耀眼的颜色；领带为西装色或接近、或反差的白色；皮鞋一般是黑色，袜子为深色；皮带与皮鞋同色；全身服饰的颜色不能多于三色。

b.衣服。西装，纽扣3～4粒。

c.领带。到腰带正中央。

d.皮鞋。无绑带。

e.袜子。长度能够盖住小腿。

f.头发。黑色、正常发型。

②保守型男士服饰要求。双排扣、网格面料、3件套（西装、领带、马夹），适合金融、律师、证券经纪人等厚重职业人士。

（2）女士衣着　一般要求为庄重即正装（职业装），可选择轻快的色调。

①一般着西装与西装裙，西装裙不能太短。

②正式的衬衫，可以配领带。

③头发颜色与发型要保持职业风格，不能偏离常态。

④长筒丝袜，不能短！一定要有备用丝袜，用于丝袜刮破时替换。

衣着服饰一般要求得体、干净、注意细节。

①得体。与现在的地位身份相符的款式、质地。

②洁净。外表永远整洁干净、严禁衣冠不整。

③注意细节。面料要柔和有质感、熨烫整齐、去线头。

即问即答

① 空中乘务员涂红指甲是否合适?

② 在学校上课的同学应该怎样穿着?

2.仪态

一个人的仪态反映其心理素质与教养。作为民航服务人员在这一方面的要求更高、更规范。

可以简单地表述为"行如风、站如松、坐如钟"。

（1）走姿　挺拔、轻快、协调稳健，不懒散、不晃动身体与扭动腰身；随指引而走，不超越、不停于关键处东张西望。

形象要求："走如风"。

课堂训练

点评我们的同学走路的样子。

（2）坐姿　端正，挺腰笔直，稍前倾、坐于椅子的外1/3处。错误的坐姿是：后靠后仰，跷二郎腿、晃腿，抱胸。

形象要求："坐如钟"。

课堂训练

同学上台坐椅子与评点。

（3）站姿　良好的站姿是挺、直、高，如松般的挺拔、舒展、俊秀。男子是挺拔刚毅，女子是典雅庄重、大方、优美。

① 要求。竖看有直立感，以鼻子为中线的人体成直线；横看有开阔感，肢体与身段有舒展感；侧看有垂直感，从耳至脚骨大体成直线。

② 忌讳。东倒西歪，耸肩驼背，左摇右晃，两脚间距过大；站立交谈时身体不倚门、靠墙、靠柱，双手的手势不能太多；正式场合时不能将手插入裤袋、交叉于胸前，更不能做小动作如拧衣角、咬手指甲（拘束、无自信、无经验）。

形象要求："立如松"。

课堂训练

学员练习舱门接待：迎接旅客进门，点评模拟表现。

3. 表情

心情透过表情显露，所以表情会完全表露自己的内心世界。

案例2-9

微笑的魅力

一位住店台湾客人外出时，有一位朋友来找他，要求进他的房间去等候。由于客人事先没有留下话，所以总台服务员没有答应其要求。台湾客人回来后十分不悦，跑到总台服务员争执起来。公关部年轻的王小姐闻讯赶来，刚要开口解释，怒气正盛的客人就指着她的鼻子尖，言辞激烈地指责起来。当时王小姐心里很清楚，在这种情况下，勉强作任何解释都是毫无意义的，反而会招致客人情绪更加冲动。于是她默默无言地看着他，让他尽情地发泄，脸上则始终保持一种友好的微笑。一直等到客人平静下来，王小姐才心平气和地告诉他饭店的有关规定，并表示歉意。客人接受了王小姐的劝说。没想到后来这位台湾客人离店前还专门找到王小姐辞行，激动地说："你的微笑征服了我，希望我有幸再来饭店时能再次见到你的微笑。"

王小姐今年22岁，在饭店工作两年，先后当过迎宾员、餐厅服务员和前台服务员，后来才当上饭店的公关小姐。她从小就爱笑，遇到开心的事就禁不住大笑，有时自己也不知道为什么会笑起来。记得刚来时在饭店与一位客人交谈，谈到高兴时竟放声大笑起来，事后她受到领导的批评教育，使她明白了，在面对客人的服务中，笑必须根据不同的地点、场合掌握分寸，没有节制的乱笑会产生不良后果。

笑，一旦成为从事某种职业所必备的素养后，就意味着不但要付出具有实在意义的劳动，还需要付出真实的情感。

微笑被认为是"讥笑"

有一次，一个欧洲旅游团深夜到达某饭店，由于事先联系不周，客房已满，只有委屈他们睡大厅。全团人员顿时哗然，扬言要敲开每一个房间，吵醒所有宾客，看看是否真的无房。此时，客房部经理却向他们"微笑"着耸耸肩，表示无可奈何，爱莫能助。这使宾客更为不满，认为经理的这种微笑是一种幸灾乐祸的"讥笑"，是对他们的污辱，便拍着桌子大声喝道："你再这样笑，我们就要揍你！"使这位经理十分尴尬。后来在翻译人员的再三解释下，客人的愤怒才告平息。

【问题与思考】
同样是微笑，为什么会有截然不同的效果？

正确的表情是：自信、真诚的微笑（最有魅力的是婴儿般的微笑），放松、自然，与对方眼神交流。

错误的表情是：脸部僵硬、紧张、没有笑脸或笑得勉强，不敢看客人。

课堂训练

① 对着镜子练习笑。
② 模仿婴儿般的微笑（世界上最动人、最纯真的微笑）。

4.目光

"眼睛是心灵的窗口"，所以视觉语言沟通反映深层心理，眼睛传达了多种信息，客户立即接收到并形成心理感受。感情、态度、情绪变化等心理活动导致了瞳孔变化，所以瞳孔是心理活动高度灵敏的显像屏幕，瞳孔变化很难用意志来控制。

（1）瞳孔放大则说明了心情　爱、喜欢、兴奋、惊恐。

（2）瞳孔缩小则说明了心情　消极、戒备、愤怒。

人们对眼光接触的心理：说话时眼睛交流则意味着信任与关注，但不喜欢被注视，像猫头鹰似地盯着别人会让对方不安与误解；没有眼神交流则是表示不感兴趣或心虚胆怯。

眼光注视要把握三方面要求，具体如下。

（1）注视的时间　当一个人不诚实或企图撒谎时，目光接触时间往往不足全部沟通时间的1/3；要得到对方的喜欢和信赖，双方目光接触时间应该累计达到整个沟通时间的50%～70%。

（2）注视的部位　一般可以分为3种。第一种叫公务注视，视线停留在对方额上的"上三角地区"（以双眼为底线，上顶角到前额），这是"正式区"，适用于洽谈业务、贸易谈判等正式场合。第二种是社交注视，视线在两眼到人中的"下三角区"，这是"社交区"，适用于酒会、舞会、茶话会等各种友谊聚会。第三种是亲密注视，视线停留在两眼到胸部之间区域，适用于亲人与情人之间。

（3）注视的方式　直视对方意谓正在意对方；凝视是不礼貌的、令人害怕的；盯视在正常情况下是负面心理的行为，是不允许的。

5.手势

无声的手势胜过有声的语言，这是一种有效的语言方式。手势运用影响着客户心理感受，故须正确运用手势而避免错误运用。一般手势所包含的意义须正确理解。

（1）命令性手势　掌心向下即表示压低对方、提高自己。

（2）请求性手势　掌心向上即表示"请求"。

（3）握手时的伸手　手掌向下表示对对方有控制权，向上表示服从对方，手掌直立表示平等相见。

（4）握手时用左手接触对方胳膊　部位越高越表示亲近。

（5）双手手掌相互摩擦　表示高兴。

（6）双手手掌手指交叉直立胸前或放在桌上或垂下　表示沮丧、失望、不安。

（7）手指互相支撑上举（在讲话时）或下垂（在听人讲话时）　表示充满了信心。

（8）背手　手握手表示充满自信，手握手臂或手关节表示自我克制。

（9）OK　很好，一切顺利。

（10）耸肩摊手　表示无可奈何。

（11）用手掩嘴　讲假话，类似的动作还有插鼻子、拉耳朵、搔脖子、拉领子、手指等物放在嘴里。

（12）手掌撑脸　厌倦。

（13）食指支撑头部的动作：表示正在思考与判断。

（14）摸下巴（将眼镜摘下、将一条眼镜腿放进嘴里，将烟斗放进嘴里猛吸几口）：正在下决心。

（15）手击前额或打脖子：自责、掩饰。

（16）双手抱胸　怀疑、不安等情绪。

（17）双手握拳　敌对情绪。

（18）双手抓住手臂　表示正在自我克制一种不安紧张的情绪。

更多相关知识参见知识拓展与相关书籍，如《体态语言大全》（赛弥·莫尔肖著，同济大学出版社）等。

6.避免小动作

客户沟通时不自禁地摸领带、袋子里的钥匙串等小动作，都是一种不专注、不尊重或者是心虚、紧张的行为表现，会严重影响到个人形象。

为了避免上述小动作，应该做到：清理口袋，把各种小东西都放入公文包中使口袋干净无物，这项工作由"厕所工程"完成。

能力训练 --

【实训2-7】

"民航企业员工形象仪态"头脑风暴

实训目标　考核学员对民航服务人员良好形象要求的理解。

实训内容　分组讨论"头脑风暴"、小结，班级总结。

【实训2-8】

对群体客户的注视

实训目标　考核学员面对群体客户时的肢体语言，尤其是表情、眼神。

实训内容　面对群体客户时的肢体语言运用，包括站姿、身体转动、表情、眼神等。

【实训2-9】

接待客户时的表情与手势运用

实训目标　考核学员在面对客户时的表情运用、手势把握，尤其在接待投诉时，更要注意这些方面的把握。

实训内容　接待客户时服务员的站姿、身姿、表情、手势、眼神等。

实训步骤　学员模拟实训→点评→纠正性模拟。

第四节
见面礼与寒暄

从远观到近看，再开始接触，此时会综合运用口头沟通、肢体语言沟通，进一步感受与印证刚才看到而形成的第一印象，修正与固化第一印象，由此形成亲和力。见面过程中涉及打招呼、握手、递接名片以及赠礼等影响亲和力培养的行为。

一、招呼

案例2-10

一见到就招呼姓名

当你来到客舱们时，舱门负责接待的乘务员说："很高兴再见到您，王先生，没过多少时间，对不对？"想起上次也是搭乘这名乘务员服务的班机，对空中乘务员不查电脑就知道你以前乘坐过一定非常惊讶。更令人心动的是，在送餐过程中乘务员充满热情地征询："王先生，还和上次一样是要海鲜餐吗？"这样的服务，您满意吗？愿意再次搭乘吗？

人们常常忘记别人的名字，可是人们又往往因为别人记不住自己的名字而感到不快。记住别人的名字是非常重要的事，忘记别人的名字则是不能容忍的无礼。不管是服务员、办公室职员还是推销人员，记住别人的名字是至关重要的，因为能够热情地叫出对方的名字，从某种程度上表现了对他的重视和尊重，而好感也就由此产生。

乔·吉拉德就能够准确无误地叫出每一位顾客的名字，如此成就了他成为"全球第一的汽车销售大王"。

二、声音——热忱的语音语调

声音和说话技巧

（1）你的声音听起来是否清晰、稳重且充满自信？

（2）你的声音是否充满活力与热情？

（3）你说话时是否使语调保持适度变化？

（4）你的声音是否坦率而明确？

（5）说话时你能避免屈尊迁就、低三下四吗？

（6）你发出的声音能让人听起来不感到单调乏味吗？

（7）你能让他人从你说话的方式中感受到一种轻松自在和愉快吗？

（8）当你情不自禁地讲话时，能否压低自己的嗓门？

（9）你说话时能否避免使用"哼"、"啊"等词？

（10）你是否十分注重正确地说出每一词语或姓名？

【结果】 _____。

如果以上问题的答案基本是肯定的，恭喜你！你是一个很快能吸引到听众的人；如果大多否定，那也没关系，多学习发音和语言技巧，你也可以成为沟通天才与销售冠军。

在招呼"王经理，您好"的同时，附着于文字语言之上的语音语调非常重要。不同语音语调传达完全不同的情感信息，体现全然不同的效果。

（1）低沉的声音　深沉、稳重。

（2）中度的声音　平淡，显得懒散、没有热情。

（3）高音　热情、激动（兴奋或愤怒）。

（4）语速快　急切，显得有激情，同时会给人以压力。

（5）语速慢　显得沉稳、深思有条理，会让人耐不住。

在与客户沟通的开场白中，语音语调一般要求：热忱，中稍偏高的音调，中稍偏快的语速。

三、握手

握手类型有：力猛劲足、中规中矩、"死鱼式"、热情稳重。

即问即答

哪种握手是适合的？

热情但避免太过，稍用力，握 2 ～ 3 下就可放开；身体保持距离；握住手掌面的 2/3。

课堂训练

同学之间相互握手，并感觉、点评之。

四、递接名片

递名片透露了很多的信息，据此使客户对你产生好恶的情感。实践中把握"尊敬"与"方便客户"的原则。

递名片的一般步骤：身体正面面向客户、双手拿名片→名片朝向客户（使客户方便看）→双手递→说"你好×总（×经理），非常荣幸拜见你，我是××公司的×××，这是我的名片，请多……"。

相对应地是接名片，接名片也有相应要求：站立弯腰、身体正向面对→双手接→看一会名片并说"啊，×总（经理，处长，先生），真是幸会……"→多看一会、发表一些久仰或崇敬之情的话→然后，仔细地放入名片夹收好。让对方觉得你非常尊敬他。

避免细节错误：急着放入口袋，这种做法既不尊重、又没有了解客户情况；随便放塞、折名片、把玩，这些都是怠慢客户、让客户感受侮辱的行为。

即问即答

递名片与接名片有什么共同点？

课堂训练

同学之间相互练习，感觉并相互点评；推举同学上台来演示握手，点评之。

五、寒暄

开始的三五句话，必须以热忱的语音语调、合乎客户心理的话题让对方产生好感、让对方高兴，从而抓住对方、打动对方、打破客户"冰心"，尽快建立融洽与友好的气氛。"您好，先生"，这是一句问候语，一句没有多少感情的礼貌用语，一句公事公办的客套话。尤其对于有一定交往的常客，"您好，先生"就显得疏远与陌生。类似招呼谁都会，因此不会有特别感觉。那么，有没有让人特别有感觉的见面招呼呢？

当然有，这就是寒暄。服务员应该把客人当作老朋友看待，首先要注意称呼客人姓氏"×先生"，并根据客人的职务、喜好、性格等特点，说一些体现关心客人、尊重客人而且客人也爱听的话，如"×先生，今天那么满面春风，一定是遇到高兴事情了"。

1.寒暄一般选择的话题

一般是对方内心关注的、感兴趣的话题。有哪些主题内容是客户喜欢的、能够引导客户打开心门的呢？

（1）真诚的赞美 "只凭一句赞美的话我就可以充实地活上两个月。"——马克·吐温

例：老奶奶啊，今天气色很好啊，这么精神，你这衣服很衬你啊！

（2）以家庭（尤其是子女）、亲戚为话题 例：听说令郎成绩很棒啊。

（3）以新闻、事件、气候等开言 例：最近石油上涨，对你们影响还好吧？

（4）从口音等攀老乡、诉乡情 例：王总啊，听你口音，是天津卫的吧？……我也是啊。

2.一般要求

① 积极自我沟通，比如"我是在为帮助别人找到他心目中的梦想家园"。

② 语音语调要热情、动情。

③ 先以闲聊来"暖心"，融洽气氛、拉近关系。

课堂训练

由衷地、热情地、真诚地招呼他（她），以对方的兴趣、嗜好等为话题，赞美对方、学会感谢。

能力训练

【实训2-10】

迎接旅客

情景 一位中年女士走向客舱门准备登机，你在前门负责迎宾。

实训目标 考核与训练学员的亲和力，考核见面礼与寒暄的掌握水平。

实训内容 招呼、握手、适当声音、寒暄等适当运用。

实训步骤 实训→点评。

【实训2-11】

握手

情景 一位老朋友见面，模拟见面的热情招呼。

实训目标 考核与训练见面礼仪，尤其是握手、寒暄、表情、声音的掌握水平。

实训步骤 实训→点评。

【实训2-12】

递-接名片

情景 你是邵氏公司经理助理邵大卫，拜访邵氏影业公司策划总监邵小伟；之前通过电话，约好了时间；两家公司有一定渊源，经理层干部相互有联系，当然邵助理是晚辈，没有见过邵总，但听过经理谈论过邵总，有相当的欣赏。你扮演邵大卫，另一名学员扮演邵总，模拟整个拜访过程，尤其关注见面招呼、名片递接这一环节。

实训目标 考核与训练学员的亲和力，考核其见面礼仪、名片递接动作等的掌握运用。

实训步骤 实训→点评→纠正性实训。

【实训2-13】

与客人稍作寒暄

情景 一位银发飘飘的长者走向你负责的值机柜台，你预备接待。

实训目标 考核与训练学员对于招呼、寒暄的掌握水平。

实训步骤 实训→点评→纠正性实训。

第五节
同步沟通

理论知识

案例2-11

车上巧遇老乡

在车上，同座是一位男青年，拿着一份《体育周刊》，正在翻阅篮球版的火箭队战况，你凑过去并询问，"火箭队？最近战绩如何啊？""很可惜，2分输给了掘金，都是因为内线无力啊！要是姚明在就不会这样了。"男青年以很金华味的普通话答复道。"是啊！你是火箭迷？""是啊，姚明在嘛。姚明什么时候能够复出？""季后赛没问题。我也是地道的火箭迷！……听你口音是金华人？""是啊。""啊，那是老乡啊！金华哪里？""汤溪的。"换用汤溪话说，"正宗老乡！真是难得！"于是握手，"高中哪里毕业的？""汤中。""啊，校友！我也是汤中毕业的。应该比你早。真是幸会！""啊，老乡贵姓？""免贵姓邵。""姓邵？真巧啊！我也是。""那你是汤溪哪里？""山坑井上。""莫非你们家族是早年从节义邵分出去的？""听老人说好像是。你怎么那么了解？""肯定是！我是节义邵人啊！真正的同村亲戚！回去好好排排辈分与关系，在我家还有一本家谱，能够查出我们的亲缘关系。今天真是凑巧、真是高兴。"

人类喜欢与自己相同或相近的人交往，浅层次说是拥有了安全感、深层次说是为了获得价值观的认同。因为相同或相似，人们便有了亲近感、容易建立起亲和关系。

一、同步沟通的意义

"人以类聚、物以群分"，所以"酒逢知己千杯少，话不投机半句多"。

人们因为相似或相同而相互认同、视为同类、引为知己，于是心灵拉近从而莫名地亲近、心灵相通。

二、同步沟通的内容

因为"亲和力＝共同点"，所以在实践中必须：寻找与创造共同点来建立亲和力。包括：① 增加与他人的熟悉度；② 扩大彼此的相似性（理念、价值观、兴趣、态度、人格、条件、背景）。

同步就是找共同点，在情绪、声音、语言、习惯、价值观、认识以及籍贯方言、爱好等方面与他人保持相同或相似，从而取得较快的相互认同与亲近的关系。包括简单同步、情绪同步、语音语调同步、语言同步、价值观同步、共识同步等。

1.简单同步

以喜欢对方的心境和肢体语言来表达，用所找到的共同点来寒暄"套磁"，从而达成八同——同好、同乡、同（土）话、同校（母校）、同宗（姓）、同亲（戚）、同爱、同龄，这就是所谓的缘故法。

典型案例见案例2-11"车上巧遇老乡"。

课后练习

运用简单同步方法，找陌生人搭话，直到聊熟。

当然，上例是纯粹的特例，难得有如此巧合的，不过搭话攀老乡、攀球迷、攀同好是完全可以采用的，而且这种效果很好。只要灵活运用，随时可用。

2.情绪同步

进入对方的内心世界，从对方的感受与角度来认知同一件事情，让对方觉得被关心、了解、理解，于是感受"心有戚戚焉"、感慨"知我者××也"。这种方法也即前谓的"神人"或移情。

移情范例——《商人与鹦鹉》

有一位商人养了一只鹦鹉。有一天，这只鹦鹉打翻了一只油瓶，商人非常生气，就打了鹦鹉的后脑勺一下。从此以后，这只从前聪明巧嘴的鹦鹉再也不说话了。它头上的羽毛也开始脱落，最后竟成了一个秃头。

一天，鹦鹉正站在商人账房的书架上，一位秃头的顾客走进了商店。鹦鹉见到这个顾客后，马上兴奋起来。它使劲扑打着翅膀，大声叫着。最后，令人惊奇的是，它突然又说出话来了："你是不是也打翻了油瓶，让人打了后脑勺，从此变成了大秃瓢了呢？"

鹦鹉对秃头顾客是"心有戚戚焉"，有共同心理感受、不免拉近距离，由此培养出相互的亲和力。

再例如小说《围城》中的方鸿渐、赵辛楣，由于苏文纨结婚之故，这两个与苏文纨有过感情纠葛的情敌，居然因此有"同是天涯沦落人"的"心有戚戚焉"之感，成为了"落难战友"，成就了一段友情。

情绪同步的5步法：同表情→倾听→同心境→同义愤→客观分析与引导。如此劝导人有很好的效果。

① 同表情：笑脸对笑脸、激情对激情、苦脸对苦脸。

② 倾听：用心聆听、关注并用肢体语言反馈。

③ 同心境：设身处地、换位思考、感同身受，"我也……，我很能够理解你现在的感受，那真是……"。

④ 同义愤：站在对方的角度，同感慨、同悲痛、同愤慨、同破骂、同指责。

⑤ 客观分析与引导：哭过骂过心情平稳些后，就须正面引导、从负面情绪中跳出来，这时就须分析现状、积极解释、正面引导到美好未来。"我也……，其实你……（积极思维，转换思路引导到好的一面、看到未来美好前景）"。

课堂训练

劝慰遭受客户责骂的服务员（或遭客户拒绝的业务员或在车上被偷钱包的服务员）。

患者与强盗成朋友的幽默故事

一天晚上，一个人正躺在床上。突然一个蒙面大汉跳进阳台，几步就来到床边，他手中拿着一把手枪，对床上的人厉声说道："举起手！起来，把你的钱都拿出来！"躺在床上的人哭丧着脸说："我患了十分严重的风湿病，尤其是手臂疼痛难忍，哪里举得起来啊！"那强盗听了一愣，口气马上变了："哎！老哥！我也有风湿病。可是比你的病轻多了。你得这种病多长时间了，都吃什么药呢？"躺在床上的人从水杨酸钠到各类激素药都说了一遍。强盗说："水杨酸钠不是好药，那是医生骗钱的药，吃了它不见好也不见坏。"……两人热烈谈论起来，尤其对一些"骗钱"药物的看法颇为一致。两人越谈越热乎，强盗早已在不知不觉中坐在床上，并扶患者坐了起来。

强盗突然发现自己还拿着手枪，面对手无缚鸡之力的患者十分尴尬，赶紧偷偷地放进衣袋之中。为了弥补自己的歉意，强盗问道："有什么需要帮忙的吗？"患者说："咱们有缘分，我那边的酒柜里有酒和酒杯，你拿来，庆祝一下咱俩的相识。"强盗说："干脆咱俩到外边酒馆喝个痛快，怎样？"患者苦着脸说："可是我手臂太疼了，穿不上外衣。"强盗说："我能帮忙。"强盗替他穿戴整齐，扶着他向酒馆走去。刚出门，患者忽然大叫："噢，我还没带钱呢！"强盗说："我请客。"

3.语音语调同步

人类有视觉、听觉、味觉、嗅觉、触觉、直觉等信息知觉方式，其中最重要的是视觉、听觉、感觉。

不同的人，对外界信息的知觉方式各有偏差，各自的敏感度不同，据此可以分为三种类型的人，即视觉型、听觉型、感觉型，他们各有特点。

（1）这三种类型的判断

① 视觉型。通过眼睛、以画面的方式来处理外界信息，所以处理的信息量大，要求嘴巴急速表达、语不停顿、来不及则用手势来辅助，所以表现为语速快如"扫机关枪"、一直高八度、手舞足蹈，正如一个"急先锋"，他的眼睛很敏感，"好色"，即喜欢看好看的、敏感于好看的。

② 听觉型。通过耳朵、以声音的信息方式来处理外界信息，要处理的信息量不大，所以表达的速度适中、有抑扬顿挫与高低起伏、注重措词造句，他的耳朵很敏感，喜欢听"好听的"即"好听"。

③ 感觉型。凡事通过大脑思考琢磨，所以反应速度很慢，要"想一想、停一停、唉、咧……"，一句话需用别人五倍慢的时间，正如一位"慢郎中"，不信看到的、不信听到的，只相信自己分析后感觉到的或实践后感觉到的，"好思"即好思考好琢磨好感觉，凡事慢半拍。

（2）三者相处的矛盾　这三类人在一起交往则容易产生沟通的不同步，随之产生不和谐、产生矛盾，比如：

① 视觉型VS感觉型。即如"急先锋"遇到了"慢郎中"，不合拍显而易见。"慢郎中"觉得与"急先锋"在一起太有压力、有极大的压迫感，说话咄咄逼人、不牢靠；"急先锋"则急得上火，觉得"慢郎中"磨磨唧唧，一句话要五分钟才讲完。

比如视觉型的销售员到感觉型的老总办公室销售汽车，在"机关枪"般讲述完后，感觉型的老总的回复是："讲得很认真。可我一句也没听清楚。"

②听觉型VS感觉型。"爱听好听的"同志调到了"慢慢思考慢慢感觉的"同志，也不合拍。

比如听觉型的新娘与感觉型的新郎，蜜月后第一个周末，双方都很有爱意，新娘在家布置了很浪漫温馨的音乐晚餐等待。新郎拿了玫瑰进门就要拥抱，可新娘却期待不到想要的而惆怅了：你怎么又忘了……？新郎感到很委屈。双方心中产生了一些不和谐。

【问题与思考】

①新娘希望新郎做什么？

②视觉型的人与感觉型的人在一起会产生什么不和谐？

③视觉型、听觉型、感觉型各自敏感的是什么？让自己产生感觉与心动的是什么？

（3）实践中的措施　先顺应对方、以对方偏好的信息处理方式来与其沟通，然后引导对方，类似"太极"。

扩大沟通的弹性。因为：沟通需要弹性，弹性越好越能与人沟通。

课堂训练

　　练习：视觉型的销售员到感觉型的老总办公室销售汽车，应该如何行为？

4.语言同步

"大老粗"与知识分子在一起不容易沟通，因为习惯用语不同，如用语粗俗爽直的工人与用语文雅的教授有距离感，觉得不是同类人。不同人有不同的习惯用语，包括口头禅与表象语言。

（1）口头禅　如"那个那个……"。

（2）表象语言　"……看起来……"、"……听起来……"、"……感觉……"。

当对方感觉到你的语言与他相同相似时，就会觉得没有心理隔阂，就会把你引为同类、把你当自己人，于是就会对你敞开心扉，那么事情就好办了。

原理：用对方的习惯用语与表象语言，容易进入沟通频道、容易被对方接收，从而有效沟通。

大学教授若能够挽起袖子、也大大咧咧地随众人使用一些粗俗爽直的语言如"我靠"，则在工农群中极易融入，与他们结交为朋友、打成一片。

沟通实践中的措施为：用对方的习惯用语（口头禅）与表象语言来与其沟通。

即问即答

　　林黛玉与焦大容易心灵沟通吗？林黛玉要想改善人缘，应该怎么做？

5.价值观同步

谁愿意被人反驳？谁喜欢被人否定？

例：魔力解释——"你最近非常不错，只是……"、"很漂亮，但是（或只不过）……"。

听后是什么心理？应该是：心理产生反感、产生危机感，开始自卫，回报以"有话直说、有屁就放，何必扭扭捏捏！"。

人人都希望被人肯定、被人赞赏。价值观相同则是深层次的理解，思想在同一阵线、惺惺相惜与知己、感觉安全与相互依赖、产生心灵上的相互亲近；反之则心理上产生反感、产生危机感、开始自我防卫。所以在沟通实践中想达成亲和关系，须采取认同价值观的方法。

实践中的措施为：运用合一架构（即价值观与信念同步），类似下述语词。

① "我很理解……同时……"。

② "我很同意……同时……"。

③ "我很理解……因为……同时（我觉得）假如……"。

例如前例："你今天的服饰搭配真是吸引人，同时我觉得如果……可能会更……。"

即问即答

① 如何恭维人？
② 如何有效地提好心建议？

课堂训练

① "妈妈，今天的菜不错，只是太咸了！" 你来改善说法让妈妈听着舒服。
② "大姐今天好漂亮啊，就是脸上粉涂得太厚了。"你来改善说法让大姐听着开心。

6. 共识同步

原理：对方回答以连续的'是'，则对最后要求也容易答"是"。这是一种潜意识运用。

实践中运用：

① 连续"是"+"7±2"询问——设计一串询问以让对方连续回答"是"，最后把要求也放进去；

② 前面的询问问题与最后要求逻辑相连；

③ 询问5～9次。

能力训练

【实训2-14】

劝慰"失恋的同学"

实训目标 考核与训练你对同步沟通中情绪同步的掌握。

实训内容 你同学失恋了，整天无精打采、失魂落魄，你劝慰他（她）。

实训步骤 实训→点评→纠正性实训。

【实训2-15】

餐饮点菜中有效运用同步沟通

情景 点菜的客人是一位说话慢悠悠的先生，你作为机场餐饮部的服务员接待他点菜。

实训目标 考核与训练你对同步沟通中语音语调同步的掌握。

实训步骤 实训→点评→纠正性实训。

【实训2-16】

奉玉帝旨意太白金星下凡至花果山
说服齐天大圣任职"弼马温"

情景 齐天大圣是视觉型、力量型，比较自负、爱激动、爱拧着干事；太白金星是感觉型、是一位儒雅的长者。

实训目标 综合考核与训练同步沟通方法的掌握水平。

实训步骤 实训→点评→纠正性实训。

【实训2-17】

与一个常用口头禅（"我靠""我觉得"等）的客户沟通

实训目标 如何同步沟通以建立亲和力？

实训步骤 实训→点评→纠正性实训。

【实训2-18】

设计电话销售的脚本——销售《民航服务与沟通》培训课

实训目标 考核与训练寒暄、价值观同步、共识同步的掌握水平。

实训步骤 实训→点评→纠正性实训。

❓ 思考与练习

一、应知知识练习

1.列举2种以上你生活中常用的自我沟通方法。

2.对各种不同角色[上课时的女（男）同学、下课时的同学、参加应聘工作时的女（男）同学、实习时的同学，上课时的老师，女职员、男职员，领导，业务员，演员]有什么不同礼仪形象的要求？

3.寒暄内容一般包括哪些？

4.如何建立第一印象？

5.怎么理解"同步"？

6.你心中有亲和力的员工是怎样的？如何培养自己的亲和力？

二、应会能力实训

1.自我沟通实训

情景1　找出自己的5大优点。

情景2　写出从事空中乘务员或文员或民航运输的5大优点。

情景3　"受委屈"或"被领导批评"时,你如何沟通自己?

2.亲和力建立实训

情景4　公司的客户(雷士公司的王经理)来公司公干办事,首先要拜访王总,办公室文员小王在,王总在开会,王经理到了办公室。

同学甲扮演小王、同学乙扮演王经理,同学甲如何表现亲和力?

情景5　奉玉帝旨意太白金星下凡至花果山说服齐天大圣任职"弼马温"。注意:齐天大圣是视觉型、力量型,比较自负、爱激动、爱拧着干事;太白金星是感觉型、是一位儒雅的长者。请问太白金星如何运用亲和力手段?

3.综合沟通实践:按要求开展沟通实践;在作业本上清楚描述具体沟通(言行)过程及你的启发感悟。

情景6　找一位陌生异性,让他(她)帮你折千纸鹤(或其他折纸)→请他签名、电话号码,其中不得以"完成老师作业"为由。

情景7　邀请陌生人来听《客户沟通技巧》课程。

情景8　销售《客户沟通技巧》培训给企业,费用2000元/天以上。

4.欣赏影视片段《三国演义·李肃说服吕布投董卓》,写出总结。

💡 **知识拓展**

一、情绪管理

情绪管理就是善于掌握自我,善于调节情绪,对生活中的矛盾和不快事件引起的反应能适可而止的排解,能以乐观的态度、幽默的情趣及时地缓解紧张的心理状态。

①培养一些陶冶性情的艺术类兴趣爱好。

②进行身体锻炼方面的活动,比如健身、打球、舞蹈等。想象着坏情绪像球一样被打出去,或者随着汗水挥洒出去,会给人一种痛快的感觉。同时运动有益于情绪及身心健康,运动能强健身体,运动能消除郁闷。

③身边一定要有三两个知心人,当你在心情不好时能够打电话或当面向他们分享自己的烦恼。

④通过记日记来理清思绪。一个必然规律是,写在纸上的越多,积压在心里的越少。

⑤给自己创造一个愉快的生活环境,比如听音乐、熏香、还有柔和的灯光等,或者将自己置身于一个令人心旷神怡的自然环境中。

⑥要了解自己的情绪变化,"打预防针"。

⑦培养坚毅的性格：坚毅的性格决定你能否耐得住挫折和艰辛。

⑧寻求社会支持：爱给人力量。

四个情绪管理小妙方：

①改变事情定义。有一句话说得好：我们没有办法阻止事情发生，但我们可以决定这件事带给我们的意义。

②改变人物画面。修改脑中画面，创造活力。

③改变对自己的问话。"积极的问话，造就积极的人生"。你的问话决定你的人生品质，所以无论发生任何事，问自己两个问题：这件事带给我什么样的经验及教训？我该如何做才能将这件事处理得更好？

④改变学习人物。要想改变命运，你必须跳脱现状，向乐观者学习。要想快乐，请和快乐者为伍。

二、第一印象与首因效应

人与人第一次交往中给人留下的印象，在对方的头脑中形成并占据着主导地位，这种效应即为首因效应。首因，是指首次认知客体而在脑中留下的"第一印象"；首因效应，是指个体在社会认知过程中，通过"第一印象"最先输入的信息对客体以后的认知产生的影响作用。

心理学家认为，第一印象主要来自于性别、年龄、衣着、姿势、面部表情等"外部特征"。所以以貌取人难免会出错。

《三国演义》中庞统当初准备效力东吴，于是去面见孙权。孙权见庞统相貌丑陋，心中先有几分不喜，又见他傲慢不羁，更觉不快。最后，这位广招人才的孙仲谋竟把与诸葛亮比肩齐名的奇才庞统拒于门外，尽管鲁肃苦言相劝，也无济于事。无独有偶，美国总统林肯也曾因为相貌偏见拒绝了朋友推荐的一位才识过人的阁员。林肯说："一个人过了四十岁，就应该为自己的面孔负责。"可见第一印象的巨大影响作用。

三、身体语言

身体语言是心灵的外化信息，直接反映了内心世界。

1.积极的身体语言

①身体的接触传递亲和力。

②人与人的距离尽可能缩短以增加情感距离。

③倾听时身体前倾、目光全神贯注。

④入门时目光平视、挺胸、抬头。

⑤就座时尽可能占领空间。

⑥交谈时要点头。

⑦开会时坐在领导的左边而不是右边。

2.可以利用的身体语言

①倾听时把手放在脸颊边，表示在思考与分析。

② 手放在下巴，表示在考虑对方的意见。

③ 双手指互对并指向上方，表示展示自信。

④ 双手掌互贴，表示说服对方、请求。

⑤ 眼镜迅速上挑，表示对对方所讲的内容很兴奋。

⑥ 双手互搓，表示积极参与。

3.消极的身体语言

① 抓耳挠腮、摸眼、捂嘴，表示说谎。

② 双臂交叉在胸前，表示抵触、抗议、不屑一顾、防范。

③ 腿脚不停地抖动，表示内心紧张、不安。

④ 不必要的身体移动，表示显得紧张、焦虑。

⑤ 重复交叉双腿，表示不喜欢当前讨论的问题或建议、不太满意对方刚才的回答。

4.不诚实的身体语言

① 在椅子上坐立不安——担心被人揭穿。

② 总是舔嘴唇或有事无事就擦嘴巴——掩饰说谎。

③ 被强迫回答问题时就不自主地扭转着手。

④ 紧张态度（手指敲东西、咬指甲、好几次整理领带、把玩珠宝、其他无目的的动作）显示内心的不安。

⑤ 反常地触摸自己、突然产生毫无意义的肢体动作（如突如其来的手势，交叉、放下、摇晃腿）。

⑥ 眼神交流时突然向天花板、地板、桌子看去——假装自己能够看穿对方的心思。

⑦ 声音的改变（如音调提高、声音放大、回答很短又急促、加快说话速度）——假装强调重点。

⑧ 一直重复着没有必要的话。

⑨ 回答问题前想很久似乎假造答案，而回答的答案都很短、听起像紧急就场。

相关知识还有很多，可参见相关书籍。

四、开场白

开场白，就是在拜访目的开始交代之前所进行的融和关系、缓和气氛以及引入正题的沟通过程。

"话不投机半句多"，形象礼仪好、还要开场白说得好！

开场白目的：① 融洽关系、建立亲和力；② 了解客户相关信息，如喜好、关注点、忧虑；③ 巧妙传达信息，并获得客户认同以达成初步共识。

在沟通实践中，一个有经验的服务人员不会一见到客户就直奔主题，而是需要缓和心理、找到共同话题、再铺垫询问与引导。

下面简单介绍销售沟通中广泛运用的开场白原则与开场白五部曲。

1.原则

开始的三五句话，必须以热忱的语音语调、合乎客户心理的话题让对方产生好感、让对方高兴，从而抓住对方、打动对方、打破客户"冰心"，尽快建立融洽与友好的气氛。

2.开场白五部曲

概括为五个步骤：寒暄→铺垫转折→提出拜访目的→简述益处→征询意见。

3.注意

① 不能直接进入正题。

② 要有闲聊，但不能太长。

③ 开场白中少提产品或服务好处。

④ 时间安排合适（不扰他做事、不长时间）。

第三章

知人力

学习目标与内容

学习目标

知识目标	能力目标
1.了解客户人格模式、需求心理的内涵。 2.察知人心的若干方法。	1.初步判断旅客人格类型， 2.基本会调研观察、询问、聆听。

学习内容

（1）知人力概述

（2）人格模式

（3）调研与观察

（4）询问

（5）聆听

（6）能力训练

情景活动与案例导引

 情景活动

知心力测试

1.你面对不同的人，能否恰当地采取不同的沟通方法？

    A.经常   B.有时   C.很少

2.你认为"客户"需求的本质是什么？

    A.内心的购买动机   B.占有欲望   C.期望和现状之间的差距

3.你认为提高"客户"购买欲望的最好方法是什么？

    A.适当地在价格上做出让步   B.给客户以某种实惠   C.提高客户需求的层次

4.在与"旅客"面谈时，你经常会通过发问来充分了解他的需求吗？

  A.经常   B.有时   C.很少

5.你向"旅客"进行询问时，经常能得到他什么样的回答呢？

  A.是或不是   B.两者兼有   C.具体的内容

6.结束面谈时，你是否经常得到对方模糊的回答？

  A.经常   B.有时   C.很少

7.你是否抱有较强的共识意识，善于找到与旅客的共识点？

  A.经常   B.有时   C.很少

8.你在与旅客面谈的过程中能经常有效地控制谈话的局面吗？

  A经常   B.有时   C.很少

9.在与旅客面谈前，你是否已经很明确这次面谈的重点？

  A.经常   B.有时   C.很少

10.在商谈中，你是否听得多、问得多而说得少？

  A.经常   B.有时   C.很少

评分标准：

1、4、7、8、9、10题选择：A.3分B.2分C.1分；

2、3、5、6题选择：A.1分B.2分C.3分。

你的得分是_____。

如果你的总分超过了26分，说明你比较善于通过了解客户、旅客需求来促进沟通。

如果你的总分低于20分，说明你需要加强了解客户需求技能的训练，那么下面介绍的内容，将帮你"而今迈步从头越"。LET'S GO!

 **案例导引**

非典型案例

  某乘务长，一次碰到一喝醉酒的客人想要投诉，说空乘人员不让他的朋友进头等舱找他。而其实是有个人在该旅客睡着时声称是该客人的朋友，需要坐他旁边的空座，因客人睡着前没有交代，因此空乘人员自然不能让其进入头等舱。该乘务长听后言之凿凿掷地有声地拍着胸膛放言："是我们空乘人员不好，以后只要是您×先生的客人，只要说是您的朋友我们都让他升到头等舱！"结局皆大欢喜。

  注：如果是非醉酒客人我们千万不可如此答复客人，此案实属非典型案例，只是说明在与不同类型的客人的沟通中，我们的关注点应该是乘客当时的心理，并尽量采取符合其当实心理需求的方式来解决问题。

营销界有一个笑话："世界上最蹩脚的销售人员无非是以下几类：向爱斯基摩人推销冰箱，向乞丐推销防盗报警器，向和尚推销生发油。"该笑话说明了客户沟通必须首先了解客户的内在需求与性格心理特点，根据客户需求、人格心理开展不同形式的沟通说服，才会有良好效果。作为高度市场化的服务性企业，客户对民航企业所属服务有高水平要求，体现在需要细致入微的、周全的、个性化的服务，而服务需要通过人与人的沟通来实现，这就要求我们要充分了解客户的需求、性格心理。那么，客户会有什么需求？如何了解客户心理需求？

第一节
知人力概述

"知己知彼，方能百战百胜"。只有了解客户的需求与性格心理，才能有效地沟通表述、有效地提供服务。

一、知人力意义

乘客既要通过航空公司的服务来满足旅行或出差的目的，还要满足吃住等物质需求，还希望在这一过程中享受尊重与愉悦的精神性满足，这样才能让乘客满意、使航空公司服务产生剩余价值。"钓鱼用蚯蚓、唤鸡用米粒、牵牛用青草"，只有察知客户的心理需求，才能有效地表明服务（产品）将给客户带来的利益、让客户感受到利益价值——需求满足，从而打动客户的心，促成客户"购买"（决定乘机）。另外，了解旅客需求的这一行为，让旅客感受到了"被关心、被尊重"，这更让旅客心动。另外，如能够了解不同旅客的人格模式，变换自己的沟通特征与之相应，这样你就会给所有的人留下一个好的印象与让人感到愉快，于是就容易达成协议。

农夫太太与牛

有位农夫用力地想把小牛赶进牛栏里，可是小牛不动。农夫的太太正好回来，她不慌不忙地把自己的食指放入小牛嘴里让它吸吮，很快就把小牛牵进牛栏里了。农夫太太的成功是因为她知道小牛现在需要什么，能够站在小牛的立场为它考虑。

所以，若想与旅客沟通有效，就必须充分正确地了解客户心理需求，以符合对方心理需求的方式来与其沟通。具备了察知客户心理需求的能力，就能够有效地与客户进行沟通。

二、知人力内涵

知人力是察知客户心理需求的能力，包括对客户具体需求、客户性格心理模式知晓的能力，这种能力的高低决定着沟通话语的正确性、沟通方式的恰当性，因此决定了沟通的有效性。一般情况下，需要了解旅客的具体需求、性格心理。

1.旅客需求

旅客搭乘飞机，除希望满足安全飞行和物质需要外，还有希望受到尊重与感受到贵宾服务等精神需求。在需求的满足过程中，旅客既需要通过服务解决物质需求，又希望这一过程是"有利"的、没有后遗症的、受到尊重与充满愉悦的。

关于人类的心理需求有多种表述，典型的如马斯洛的五层次需求理论：生存的、安全的、社交的、尊重的、自我价值实现的五种需求。在人类文明日益发展的今天，人性的需求——尊重与爱成为人类交往中双方的基本需求：希望别人了解他、听他倾诉，渴望得到感激与宽赎，需要别人关注与重视，受到尊重。

旅客搭乘飞机可能的物质需求包括餐饮、康乐休闲、商务办公处理等，同时他们一定有更加细致具体的需求。每个人的需求都不尽相同，每个旅客来搭乘飞机的需求也不相同，这些具体的需求需要通过沟通得到了解。

2.性格心理

每个人的性格、价值观都不同，这决定了每人都有自己的行为偏好、决策偏好。这就要求在给客户提供服务时，尤其在与旅客沟通时，必须要根据他的性格、价值观来展开。这种性格与价值观就是人格模式，比如"好好先生"与"分析完美者"、"自我判断者"与"他人判断者"。

三、知人力方法

知人力包括察知旅客性格心理模式的能力、了解客户具体需求的能力。了解客户需求一般通过调研、观察、询问、聆听等方法达成，了解性格心理即人格模式一般通过调研、观察进行判断。

 **能力训练**

【实训3-1】

老华侨搭乘回国航班头等舱，老华侨有什么心理需求？

实训目标 考核与训练学员察知人格、知道心理需求的知人力。

实训内容 实践观察、询问。

实训步骤 观察、询问的实训→点评→纠正性实训。

第二节
人格模式

 **理论知识**

"认识人、了解人，你就无所不能！"

沟通中遇到的问题，很多是人格模式的不和谐导致的。民航沟通也需要针对旅客的性格特点，有意识地加入个性化的因素。这就有必要对人格模式有一定的了解，掌握一些判断方法。

一、人格模式的种类

不同的客户有不同的心理，即有不同的性格、不同的价值观偏好、不同的决策行为模式。同一沟通话语与说话方式，不同客户的感受与反应是很不相同的，有的高兴、有的则反感。

人格的不同可以分为性格的不同、价值观决策模式的不同。

1.性格类型

有多种类型，包括：和平型、活泼型、完美型、力量型、自我实践型、冷漠型。

2.决策模式

决策模式包括一般型（抓重点者）与特定型（注重细节者），依序型与随机型，求同型与求异型、同中求异型与异中求同型，自我判断型与他人引导型，追求快乐者与逃避痛苦者，相信过去型与展望未来型，成本趋向型与品质趋向型，自我意识与顾他意识者，合作型与独立型及自主乐群型。

二、人格模式的特点与判断

不同的旅客，具有各不相同的性格特点与价值观。

1.和平型VS活泼型VS完美型VS力量型

（1）和平型　人际关系导向兼内向型，属于"好好先生"。他们愿意与人和睦，在意别人感受，喜欢安静、慢吞吞、举棋不定，常会感受压力。

（2）活泼型　人际关系导向兼外向型，属于"交际人员"。他们关心别人、非常喜欢与人交往、希望获得别人认同，自我感觉好、喜欢表现、滔滔不绝、感染力强，兴趣点多、没有耐心、不持久。

（3）完美型　工作导向兼内向型，属于"分析人员"。他们关注工作的开展与业绩的好坏，努力于把工作做好，强调逻辑条理性、精确、细节，决策速度慢。

（4）力量型　工作导向兼外向型，属于"指挥人员"。他们关心目标的达成、讲究重点，喜欢主导与控制，直截了当、缺乏耐心。

还有下面两类极端者。

自我实践型：非常了解自己的需求、经验丰富、直接决定、立即行动。

冷漠型：凡事否定、挑剔，不打算接受建议，但爱找碴，喜欢打击人、拒绝人。

课堂训练

　　①唐僧、孙悟空、猪八戒、沙和尚各属于什么性格类型？
　　②按照上述特点，观察你及班级同学，各属于什么性格类型？

2.求同型VS求异型VS同中求异型VS异中求同型

（1）求同型　注重事物的相同点，如回答"是啊"、"对啊"。

（2）求异型　注重事情的差异性，如回答"不见得吧……"、"未必吧"、"好像不是这样吧"。

（3）同中求异型　先认同别人观点然后指出不同之处，如"是（对）啊……但是在……方面不一样"。

（4）异中求同型　先指出不认同的地方再指出认同的地方，如"不对啊（或不一样啊），只是在……方面倒是一样的"。

课堂训练

　　你拿出ABC三个等额的硬币，随便扔在桌子上，请问这三个硬币之间有什么关联？你在下述答案中选择。
　　A.这三个硬币全都不一样，它们新旧不同、年份不同、摆的位置不同。
　　B.都是一块钱、都是一样的形状，没有什么不同的。
　　C.都是一块钱、都是圆形，但其中一个较旧、而且年份不同。
　　D.这三个硬币新旧不同、年份不同，但都是一块钱、形状一样。

3.自我判断型VS他人引导型

（1）自我判断型　根据自己的思考来决断，主观性强、容不得别人意见。

（2）他人引导型　决策很受他人意见影响。如"噢，毛老师也买了啊，那我……。"

4.追求快乐者VS逃避痛苦者

（1）追求快乐　快乐的事让他敏感、对他有动力。

（2）逃避痛苦者　痛苦的事情让他敏感、对他有动力。

例：积极思维的很有梦想的年轻经理VS但求有工作不求有发展的大姐。

如点菜："我要这个、我要那个"VS"不要辣、不能咸，其余无所谓"。

找工作决策：实现自己的抱负与理想VS养家、这家公司压力不大。

购房决策：能升值赚钱VS怕再涨了。

5.成本趋向型VS品质趋向型

（1）成本趋向型　决策时偏重于成本因素。例"关键是要实惠，住得舒服就可以了，所以……。"

（2）品质趋向型　决策时偏重于品质因素。例"一定要最好的，环境、视野、楼层……都要最好，价格不是问题……。"

6.一般型（抓重点、关注大概）VS特定型（注重细节）

（1）一般型　根据重要事项来做决策，只抓大原则大方向、不注重细枝末节。

（2）特定型　根据细节问题来做决策，喜欢注重细节关注小事情。

7.依序型VS随机型

（1）依序型　按部就班，凡事有自己的程序与逻辑，注重条理性。

（2）随机型　不强调逻辑、随机无序，发散性思维。

8.相信过去型VS展望未来型

（1）相信过去型　偏好于过去的经验，沉湎于曾经的成绩。例"想当初我……。"

（2）展望未来型　偏好于未来的发展趋势，对美好未来充满期待。例"啊，我这样下去的话将来肯定能够……。"

9.自我意识VS顾他意识

（1）自我意识者　在工作中关注自我感受。

（2）顾他意识　能够顾及他人感受。

测试：当听一个人讲话时，若觉得内容无聊乏味，你会：

A.立即或想办法退席　　　B.做自己的事　C.说话 D.仍然专心地听完并记录

注：ABC为自我意识者，D为顾他意识者。

10.工作模式之合作型VS独立型VS自主乐群型

能够与他人合作VS能够独立工作VS既能独立工作又能与别人合作。

课堂训练

（1）你属于什么人格模式？你周边的同学呢？

（2）如何有效沟通？

三、沟通应对方法

不同人格模式的人在一起，因价值观念、思维方式、决策逻辑都不相同，很容易产生沟通障碍，所以必须根据不同客户的人格模式区别应对。

1.与不同性格类型者沟通的有效方法

（1）与和平型沟通　强调该方案将对周边亲友有重大好处、周边亲友会有良好评价，沟通说服中要温和、有耐心。

（2）与活泼型沟通　恭维与肯定他的建议和看法，强调该方案将对其周边亲友与他的成绩取得有很大帮助，会大受赞誉，并趁热打铁立即促成。

（3）与完美型沟通　注重细节与精确分析，提供更精确的数据资料，要有耐心、提供决策要素，沟通中要温和、理性、保持联系、等待反馈。

（4）与力量型沟通　告诉他对工作的有效帮助，表述重点信息、直截了当。

（5）与自我实践型沟通　拿出方案、提出建议，直截了当、速战速决。

（6）与冷漠型沟通　不与纠缠，立即"三十六计走为上"，并恭维与感谢。

2.与求同型VS求异型VS同中求异型VS异中求同型的有效沟通方法

（1）与求同型沟通　关注相同点，例"……是吧"、"……对吧"。

（2）与求异型沟通　有意识地反面建议、再征询意见，如"这个方案费用很高，估计不太符合你的要求，你的意见呢？"

（3）与同中求异型沟通　先认同然后指出不同意的地方，如"……很好啊，但在……方面估计相对你会觉得偏贵。"

（4）与异中求同型沟通　先指出不认同的地方然后认同，如"在……方面估计相对你会觉得偏贵，但总体来看还是很合适的。"

3.自我判断型VS他人引导型的沟通方法

（1）与自我判断型沟通　肯定与赞美客户观点，随后提供相关信息与建议，然后静默等待客户决策。

如"大家都知道您是这方面的权威，您肯定会科学理性地作出最佳决策，同时您也肯定知道需要考虑的最关键因素是四个，一是……二……。"

（2）与他人引导型沟通　运用他人决策作为见证来影响客户决策。

如"××公司的李总就购买了10台，他说经过比较和从使用结果来看还是我们公司的设备最可靠，你看这是李总的感谢信。"

"您看您同事选择了靠窗的座位，给您安排他旁边的座位怎样？"

4.追求快乐者VS逃避痛苦者的沟通方法

（1）与追求快乐者沟通　造梦诱导、分析增加的收益，让他了解、让他想象未来的利益。

如"选择本航空公司，你将享受到……。"

（2）与逃避痛苦者沟通　吓唬，把未来可怕情景呈现到眼前。

如"假如你再不关闭手机，飞机在飞行过程中由于信号干扰出现意外，由您负责。"

5.成本趋向型VS品质趋向型的沟通方法

（1）与成本趋向型的沟通　成本低、性价比高、实惠。

如"下午五点的班机比较合适您，而且机票五折特价，正合您意。"

如"是不是很实惠？这是全杭州性价比最高的机票代售点。"

（2）与品质趋向型的沟通　东西好、质量保证、独一无二。

如"本航空公司的头等舱，是最顶级的、最符合您要求了。"

6.一般型（抓重点、求大概）VS特定型（注重细节者）的沟通

（1）与一般型的沟通　告诉对方重点、不谈细节。

（2）与特定型的沟通　详细分析来龙去脉与各项因素。

7. 依序者VS随机型的沟通方法

（1）与依序型的沟通　按旅客的决策逻辑与顺序来与他沟通。

（2）与随机型的沟通　先顺着客户的话题说话再拉回正题，如此不断。

8. 相信过去型VS展望未来型的沟通方法

（1）与相信过去型沟通　提以前事情并肯定赞美之，用以前的逻辑来对比现在。

如"您一直以来喜欢住可以看湖的房间，真是有情趣。今天还是原样？"

如"想当初您是怎么做的？真是……啊！"

（2）与展望未来型沟通　以未来前景进行诱惑。

如"想想，只要这样下去，您将来会是……啊！"

 **能力训练**

【实训3-2】

判断周边同学的人格模式

实训目标　考核与训练学员的观察力、知人力，考核学员的客户人格判断掌握水平。

实训内容　列举若干同学，观察他们，判断他们的人格模式（性格与价值观）。

实训步骤　选定同学→观察、判断人格模式→核对→点评→写实训报告。

【实训3-3】

判断我的青春谁做主中的人格模式

情景　小样，青楚，霹雳

实训目标　考核与训练学员的观察力、知人力，考核学员的人格判断掌握水平。

实训内容　列举若干人物，判断他们的人格模式（性格与价值观）。

实训步骤　选定人物→观察、判断人格模式→核对→点评→写实训报告。

第三节
调研与观察

 **理论知识**

对客户心理需求的了解是有效沟通的前提。了解客户的心理需求，有调研、观察、询问、聆听等方法手段。本节学习调研与观察的方法。

一、调研与观察的内容

不管是团队还是个人型的客户，都需要事先了解客户的信息，好进行有效沟通以提供合适的服务，这就需要进行调研与观察。

通过调研与观察，可以了解如下方面的客户信息。

（1）旅客的性格　和平型、活泼型、完美型还是力量型？

（2）价值观　追求品质还是实惠？注重精神还是物质？

（3）兴趣爱好　奢好是什么？

（4）思维与决策模式　求异型还是求同型？一般型还是特定型？自我判定型还是他人引导型？

（5）工作方式与成绩　旅客工作情况、所取得的成绩与地位。

（6）旅客对服务的特别要求。

（7）其他。

二、在沟通实践中具体采取的方法

1.调研

通过观察、记忆、电脑查询，像老朋友一样地招呼姓名、寒暄、询问生活习惯，这将令客户得到极大的精神性满足！

① 通过旅客名单，了解客户情况。

② 通过查阅相关的名录、报刊杂志、图书资料等了解旅客信息。

③ 通过朋友与同行了解客户性格、喜好，以及团队客户的需求点。

2.观察

在面对旅客时，服务员需要在开口沟通前对旅客有一个初步的判断，这种判断的正确与否将影响到沟通的顺利以及旅客的心理满意度。对空中乘务员的观察能力，要求其眼光敏锐，能看出旅客没有说出的各种要求，从而做到主动服务。要在短时间内与不相熟的客人建立起融洽的关系，主要靠观察力。

 案例3-2

观察力不足

梁先生请一位英国客户到上海某高级宾馆的中餐厅吃饭。一行人围着餐桌坐好后，服务小姐走过来请他们点菜。

"先生，请问您喝什么饮料？"服务小姐用英语首先问坐在主宾位置上的英国人。

"我要德国黑啤酒。"外宾答道。接着，服务小姐又依次问了其他客人需要的酒水，最后用英语问坐在主位的衣装简朴的梁先生。梁先生看了她一眼，没有理她。服务小姐忙用英语问坐在梁先生旁边的外宾，点什么菜。外宾却示意请梁先生点菜。

"先生，请您点菜。"这次服务小姐改用中文讲话，并递过菜单。

"你好像不懂规矩。请把你们的经理叫来。"梁先生并不接菜单。

服务小姐感到苗头不对，忙向梁先生道歉，但仍无济于事，最终还是把餐厅经理请来了。

梁先生对经理说："第一，服务员没有征求主人的意见就让其他人点酒、点菜；第二，她看不起中国人；第三，她影响了我请客的情绪。因此，我决定换个地方请客。"说着，他掏出一张名片递给餐厅经理，并起身准备离去。其他客人也连忙应声离座。

经理一看名片方知，梁先生是北京一家名望很大的国际合资公司的总经理，该公司的上海分公司经常在本宾馆宴请外商。

"原来是梁总，实在抱歉。我们对您提出的意见完全接受，一定要加强对服务员的教育。请您还是留下来让我们尽一次地主之谊吧。"经理微笑着连连道歉。

"你们要让那位服务员小姐向梁老板道歉。他是我认识的中国人当中自尊心和原则性很强的人，值得尊重。"英国人用流利的中文向经理说道。原来他是一个中国通。

在餐厅经理和服务小姐的再三道歉下，梁先生等人终于坐了下来。餐厅经理亲自拿来好酒尽"地主之谊"，气氛终于缓和了下来。

服务员在面对客户时，须根据客人的形象、仪态、表情、语音语调进行扫描、观察，并作判断。这时得用眼睛、耳朵，而最正确的莫过于感觉，快速地对客户的人格心理模式作出综合判断。

观察的内容：

① 观察客人的形象、服饰了解客人的职业、身份、服务标准；

② 观察客人的仪态举止了解客人的需求；

③ 观察客人的肢体语言与声音语言初步判断客户的人格模式特质，如一般型还是特定型、和平型还是活泼型、视觉型还是感觉型；

④ 从神态表情了解客人对服务的心理感受；

⑤ 其他。

能力训练

【实训3-4】

调研心理需求

情景 服务韩国明星李俊基将搭乘的航班。

实训目标 考核与训练学员的调研能力。

实训内容 调研韩国明星李俊基的性格心理、价值观决策模式、住宿以及饮食方面的需求；记录具体的调研方法与信息途径。

实训步骤 领任务→课外调研→掌握心理需求信息→讲解、点评→报告。

【实训 3-5】

观察判断

情景 一对儒雅、白发、说普通话的夫妇准备登机，在没到舱门前你大概能悟到该客人有哪些需求、可能是何种人格模式？

实训目标 考核与训练学员的观察力，考核学员的人格模式判断水平。

实训内容 服务员判断客人的可能需求、人格模式。

实训步骤 描述观察要点、结果→讲解、点评→报告。

第四节
询 问

 **案例 3-3**

点菜没有询问

许先生带着客户到北京某星级饭店的餐厅去吃烤鸭。这里的北京烤鸭很有名气，客人坐满了餐厅。由于没有预定，许先生一行人被服务小姐引到休息室等了一会儿，才被领到一张客人预订却未到的餐厅前。入座后，许先生马上点菜。他一下就为8个人点了3只烤鸭、十几道菜，其中有一道"清蒸鲩鱼"。由于忙碌，服务小姐忘记问客人要多大的鱼，就通知厨师去加工。

不一会儿，一道道菜陆续上桌了。客人们喝着酒水，品尝着鲜美的菜肴和烤鸭，颇为惬意。吃到最后，桌上仍有不少菜，但大家却已酒足饭饱。突然，同桌的小康想起还有一道"清蒸鲩鱼"没有上桌，就忙催服务员快上。

鱼端上来了，大家都吃了一惊。好大的一条鱼啊！足有3斤重。这怎么吃得下呢？

"小姐，谁让你做这么大一条鱼啊？我们根本吃不下。"许先生边用手推了推眼镜，边说道。

"可您也没说要多大的鱼呀？"小姐反问道。（注：这个回复有问题吗？）

"你们在点菜时应该问清客人要多大的鱼，加工前还应该让我们看一看。这条鱼太大，我们不要了，请退掉。"许先生毫不退让。

"先生，实在对不起。如果这条鱼您不要的话，餐厅要扣我的钱，请您务必包涵。"服务小姐的口气软了下来。

"这道菜的钱我们不能付，不行就去找你们经理。"小康插话道。最后，服务小姐只好无奈地将鱼撤掉，并汇报领班，将鱼款划掉。

注意："沟通是靠问的！"

获知客户的需求信息，方法包括事前的调查研究、观察、询问与聆听。询问在客户沟通技巧上扮演着极其重要的角色，有效地询问使客户围绕针对性询问作出回答，服务员或业务员因此了解客户需求，同时也是加强亲和力的有效途径。有效地询问，将使沟通事半功倍。

一、询问的意义

沟通是靠问与听的。良好的询问与聆听，可以获得有效信息并使得客人感受到尊重与表达的畅快。

1.获得信息

"老奶奶买李子与3个小贩"的故事（案例1-6节选）

……

当她经过小贩C跟前时，小贩C热情地招呼："老奶奶来买李子呢！"

"嗯啊，我来买酸李。"

小贩C："老奶奶啊，别人都挑又大又甜的李子，老奶奶您怎么买又小又酸的李子呢？"

老奶奶说："我儿媳妇怀孕了，特别想吃酸的东西。"（注：询问掏心窝）

2.有助于了解客户的真实需求

客户在回答询问时，我们可以从客户的话语、神情、态度等方面看出客户的喜好、厌恶、倾向与需要，还可以从不经意的回答中判断出客户的真实需求。

"要辣的，辣才有味啊。有辣就好，菜嘛，荤素看着上，先来7～8道菜吧。再来一瓶二锅头！"爽朗的声音嚷嚷着。——可知：辣的、味重的、适合下酒的川湘风味的菜。

"最近忙什么呢？"寒暄道，行政干事抹了抹汗说："快忙晕了。工程部最近大规模投标，印文件、投标书，复印机与打印机又老是罢工，我都找人维修好几回了。"——分析可知：复印机、打印机已经满足不了目前需要，已有添置新设备的必要；复印纸、文件夹等文具用品有大量需求；而且这种需求比较急需。

3.建立亲和力

主动热情的寒暄是一种对客人的尊重；针对客人兴趣点与自豪点的询问，这是最好的欣赏与友善，自然客人也反馈以滔滔不绝与亲和关系。

"老奶奶买李子与3个小贩"的故事（案例1-6节选）

……

当她经过小贩C跟前时，小贩C热情地招呼："老奶奶来买李子呢！"

"嗯啊，我来买酸李。"

小贩C："老奶奶啊，别人都挑又大又甜的李子，老奶奶您怎么买又小又酸的李子呢？"（注：以询问来寒暄，培养亲和力）

二、询问的内容

空中乘务员要通过询问来拉近与旅客的距离，就要知道什么时候询问、询问哪些类别的问题以及问到什么样的程度。旅客的类型多种多样，优秀的服务人员要根据不同客户的区别和特点寻找其感兴趣的话题，加以询问和适当的附和，才能取得良好的沟通效果，在这一方面有类似的"开场白"。例如对为人父母者，可以提及孩子的学习、兴趣等；年轻男士可以谈谈体育、旅游、汽车等话题；对年轻女士可以谈谈服饰、时尚、电视剧等话题；对年长者可以多提及当年的辉煌，以及天气、旅途情况。稍作礼仪性寒暄后就针对目的、具体要求进行询问。

三、询问的方法

1.询问的方式

询问的方式包括：开放式询问，封闭式询问，想象式询问，高获得性询问四种。

（1）开放式询问　不限定答案、自由发挥，有大量信息。

如"先生，您需要什么样的座位？"

"对装修有什么考虑？"

"目前贵公司的发展战略是怎样的？"

（2）封闭式询问　答案很简单或很短的问题，其答案通常是"是"或"否"、或在限定的范围内作答。这是确认事实的最佳方法。

如"您要靠近走廊的位置还是靠近窗户的位置？"

"您喜欢咖啡吗？"

"您决定住下吗？"

（3）想象式询问　引发对方思考、想象的提问，主要是给对方一个假设或想象的空间，使对方经过思考后对预测的结果有强烈的感受。分为开放型的想象式询问和封闭型的想象式询问。

① 开放型的想象式询问　如"若住405房间，那是可以看江景的，明天中午看江涨潮，想象一下那是多么地有意思呢！"

"要是再这样贪玩，设想一下，两年后你指望考上哪所大学呢？"

② 封闭型的想象式询问　如"您想象一下，按照这个方案，你女儿回来会不会非常高兴呢？"

"假如你穿着这套衣服去相亲，会不会很让人眼睛一亮呢？"

（4）高获得性询问　限定于某个方面的开放性提问。

如"请问先生，菜肴在辣咸方面有什么要求？"

"这次旅行在住宿方面有什么要求？"

"请问您家的装修在颜色搭配方面有什么要求？"

2. 询问的策略（询问方式的前后程序）

询问引导思考与回答，有效的询问可以让客户顺畅地思考与充分地回答，询问方式的组合可以收获不同方式的回答，包括不同数量、广度与深度、与成交接近度的各种回答信息。

一般情况下的沟通询问采用如下程序：

开放式询问→高获得性询问→封闭式询问→想象式询问→封闭式询问→……→封闭式询问

形似图3-1所示的上大下小的漏斗。

图3-1 询问模型图

【实训3-6】

判断下述属于什么类型的提问方式？

（1）"您决定是要这款沙发还是那一款呢？"

（2）"您对我们产品或服务的质量有什么看法？"

（3）"您的意思是目前的方案还有待完善，是这样吗？"

（4）"想象一下，按这个方案您的家里将是多么地具有书香气息？"

【实训3-7】

请学员尝试用下述方式来提问（自己随便询问）。

（1）开放式提问。

（2）封闭式提问。

（3）想象式提问。

（4）高获得性提问。

【实训3-8】

问出背后的词语

情景 请A同学上台背着黑板就座（不能看到黑板上的字），然后B同学在黑板上写下若干文字，接着A同学以上述询问方式来询问台下同学，台下同学的回答要完全根据询问，回答要有逻辑、不许超范围回答，台上同学经过询问综合判断出写在黑板上的文字。

黑板上文字如"下课"、"李刚"、"木牛流马"、"客户沟通"等。

实训目标　考核与训练学员的询问能力、知识水平、反应能力。

实训内容　通过询问，询问者根据所得信息，综合判断其词语。

实训设施　黑板上的词语，座椅，若干学员。

实训步骤　A学员坐在前方，面对群体学员→B学员上台在黑板上写下若干词语→A学员询问问题→群体学员根据提问有据回答，不能多给信息→不断询问，不断回答→判断……→判断正确→点评→记录实训报告。

课堂训练

依据[实训3-7]问出背后的词语。

问题　如何"问"才有效？

【实训3-9】

询问模拟

情景1　空中乘务员为老太太送餐，开展询问。

情景2　扮演装潢公司业务员小李到万先生家，沟通装潢事宜（要不要装？怎么装？）

情景3　办公室员工小王接待来访的客人。

实训目标　考核与训练学员的询问能力，考查询问策略掌握程度。

实训内容　根据情景，学员扮演不同角色，重点模拟"询问"这一沟通动作，点评。

实训设施　展现相关情景、不同角色。

实训步骤　模拟"询问"→点评→记录实训报告。

第五节
聆　听

自我测试

聆听素质（结合自己平时上课表现）

（1）我让说话的人把话说完 ☐

（2）我确定自己了解对方的观点之后再作回答 ☐

（3）我聆听重要的论点 ☐

（4）我试着去了解对方的感受 ☐

（5）我想到解决方法后再发言 ☐

（6）聆听时我能够控制自己，很放松、很冷静 ☐

（7）我发出聆听的附和声 ☐

（8）别人说话时，我会做笔记 ☐

（9）我以坦荡的心聆听 ☐

（10）即使对方是个无趣的人，我也会听他说话 ☐

（11）我注视着说话的人 ☐

（12）我耐心聆听 ☐

（13）我提问问题以确定自己了解情况 ☐

（14）聆听时我不会分心 ☐

很少＝－1，有时候＝0，总是＝1。

你的得分是_____。

评价自己：12～14分＝优秀的聆听者；8～11＝不错；5～7＝马马虎虎（以为自己很好，需要接受聆听训练）；4～6＝差，根本没有在听；0～3＝听觉有重大缺陷或人格有问题。

 **案例3-4**

故事"哈里的助听器"

销售员哈里，因为听力不好，每次面对客户的时候，只好看着客户说话时的口型来判断客户说得是什么，然后再做出回答。

一次，哈里在老约翰的办公室里进行销售拜访，是关于一批钢铁的采购合同。在老约翰提到对这批货品的品质要求、运输要求以及到货期限等问题时，哈里眼也不眨地盯着老约翰的脸，生怕错过了一个字，甚至还时不时地在笔记本上做记录。这时，正是春暖花开的季节，窗外景色明媚、阳光灿烂，几只鸟儿在欢快地叫着。

可是，哈里因为听力欠佳，无心在乎这一切，只是专注地看着老约翰在动的嘴唇。直到会谈结束，哈里才松了口气，老约翰也很满意地从座位上起身，双方约定了下次见面的时间。

之后，哈里去看了医生，医生给了他一副助听器，告诉他这种仪器可以使得他的听力变好。哈里用了一下，果然是这样，于是他就每天都戴着这副助听器。

那天，哈里如约来到了老约翰的办公室。今天，他听得很清楚，所以注意力也不知不觉地就分散了。一会儿，他看着窗外的景色发呆，一会儿他被清脆的鸟叫声给吸引住了，过了一会儿，有推门声，哈里探头看了一下，原来是老约翰的秘书端咖啡进来，于是，哈里的目光一直追随着女秘书婀娜的身影。

老约翰很生气，说道："我一直很欣赏你工作时的专注劲，你可以一小时一小时地看着我，听我说话而不分神，让我觉得受到了尊重，这是其他销售人员所不曾做到的。可是，今天，你却很不在意地听我说话，让我觉得很诧异，虽然我们的合同已经谈得差不多了，但我还是要等下一次再做决定。"

哈里听了，很是吃惊，他本来以为这副助听器能够给自己的销售生涯带来帮助，没想到却使客户大为恼火。现在他才明白，原来专注地聆听对他的工作是这么重要。

那么，下一次见老约翰的时候，他还要不要戴助听器呢？

旁白：没有助听器使得哈里成为客户心目中最有素质的业务员，有助听器反而使得他惹得客户极为生气。

【问题与思考】

① 没助听器时哈里是怎么表现的？为什么没助听器使得哈里成为客户心目中最有素质表现的业务员？

② 为什么有助听器反而使得他惹得客户极为生气？有助听器时哈里怎么了？

③ 人类在正常听力情况下会有怎样的行为？这种行为让沟通对象产生了什么感受？

 **理论知识**

察知客户心理，除了看、问之外，还有听。听是获得客户信息的重要手段，需要明白的是"听"并非简单地用"耳朵"听。

课堂训练

折纸：对折→再对折→再折成三角形→旋转180度→撕左角。看看同学们各是什么结果？图案形状相同吗？

课堂训练

找一张旧报纸，念旧事件，测问题。答对了多少？

将A4纸发下去，主持人说："来，每两人共分一张A4纸，每个人一半。"停语，就有人把这纸"哗"地撕开了，有的是横着撕、有的是竖着撕。主持人问："我有说要撕开吗？"大家都笑了。这就是沟通不良。接下来主持人做个示范，并说："现在每人半张，然后这样子撕。"大家都"哗"地依照主持人那样撕开了纸。

主持人说："将半张纸分成一样的大小四条。"马上会出现两种方法，不是四条瘦的、就是四条胖的，又不一样。主持人说："我要四条瘦的。"于是分成胖的纸条统统丢掉。把纸再发下去再分，这回每个人都是四条瘦的了。

主持人说："将每一条放在另一条的中间。"结果全场至少出现了五六种叠放的样子，有的像"米"字、有的像"井"字，有的统统叠放在一起，总之，各式各样的都有。

一、聆听对于沟通的意义

1.获得客户真实信息

要获得客户的真实信息是很不容易的，这要求不但要听清楚、还要正确理解、还要询问、更要从肢体语言去破译言谈背后或反面的真实意图。

2.培养亲和关系

聆听中表现出来的专注、眼神交流、点头、微笑、附和等，使得客户感受到尊重、理解、心灵交融，这样就能够进一步建立良好的亲和关系。

所以，正确的聆听是沟通过程所必需的，这是一个复杂的过程。

二、聆听的内涵

1.沟通信息的构成与权重

沟通中的信息由三重信息组成：文字信息、语音语调信息、肢体语言。在信息表达中，对于听者的影响力各自的权重是7%、38%、55%。所以，在沟通中，具体的文字符号构成的信息是苍白的、无力的，反而附着于文字信息的语音语调、配合文字语言的肢体动作才是真正表达真实内心的，所以拥有非常大的权重。这就要求我们在询问、聆听、表述的时候更要花大精力注意语音语调和肢体动作。

2.聆听的三个层次

正因为有不同的信息组合，所以聆听分为三个层级：听清事实、听到关联、感同身受。听清事实是指有效地接收到对方所表达的文字信息；听到关联是指不但听清文字内容，还结合对方的身体语言领悟到其表达言语的真正的、深层的意思；感同身受是指用心去听对方的话语、细心体会对方的情绪与情感，达到与沟通者的心灵交融。这三个层次是层层向上的三个台阶，一步步地步入越来越高的聆听境界。

（1）第一层：听清事实

听力测试

（1）请问：40被一半除，再加15，等于多少？

（2）法律是否允许一个男人娶他遗孀的妹妹为妻？

（3）哪一种表达更准确：5+9是13，5+9＝13？

（4）在一个6米长、3米宽和一米深的洞里，有多少立方米的土？

（5）从起点到终点，每隔10米种一棵树，共种了20棵，这段路共有多长？

（6）一列火车上午7点离开甲地，要走100千米到乙地，车速是每小时100千米。同样上午7点，另一列火车离开乙地走100千米到甲地，车速是每小时50千米。它们碰头的时候，哪列火车离甲地更近？

（7）下列3种动物，哪种在完全黑暗中看的清清楚楚：豹、猫头鹰、蝙蝠？

（8）网吧里有2个中学生，其中一个不是初中生，所以这两人是什么学生？

（9）在我国北方，还有大约多少只华南虎，几十只、几百只、几千只？

（10）珠穆朗玛峰在被发现之前，哪座山峰是地球上最高的？

听清事实就是听清楚说话者所说的字句。这是聆听首先要做到的，基本是用耳朵即可，相对比较容易达成。

影响到听清事实的因素有：环境因素、心理因素、情绪因素、客户因素。

① 环境因素指来自外部环境的干扰，如嘈杂的环境、人为的干扰、电话铃声。

② 心理因素包括有偏见、自以为是、害怕真相结果、惦念心事、自以为已知。

③ 情绪因素包括情绪的不正常、极度恶劣或者极度兴奋。

④ 客户因素指的是因客户在表达方式、认知水平等方面的差异导致未听清。

（2）第二层：听到关联　客户表达包括表层的文字语言和深层的非文字语言信息，非语言信息就是由除文字语言之外的声音语言、身体语言所表达出来的信息。在客户沟通过程中有93%的信息通过非文字信息来传递，非文字信息具有最具影响力的重要性。因为身体语言与声音语言是人的潜意识本能的表达，能最直接地反映出一个人的真实意图，而文字语言是有意识地表达，是极可以伪装与误导的。所以，当发现客户的身体语言或声音语言表达出来的信息与他的词语不相符时，就要以前者为准。

所以就有"听话要听音"，沟通中要注意"弦外之音"。

这时需要耳、眼睛、心并用，要关注语音语调、肢体、表情。

（3）第三层：感同身受　聆听的最高境界就是和说话者达到一种共鸣和共振，这是一种心灵和情感上的相通。当说话者说到悲伤处时，聆听者为之感叹嘘唏不已；当说话者谈到开心处时，聆听者也随之感到欣喜；说话者低声轻语时，聆听者能够领会其中隐情；说话者说到兴奋时，聆听者也情绪激昂。这就是聆听中的最高境界——感同身受。

在与客户的沟通中，要用心体会对方的感情与情绪，要有积极反馈。

 **案例3-5**

用心来听

有一次，大唐的一位公主在大师讲道时，听着听着就心不在焉，对着外面鸣叫的鸟儿发起呆来。

大师见状，便问："我们听外面的鸟儿叫声，是用什么来听的？"公主说："用耳朵啊。"

大师接着问道："死人也有耳朵，为什么听不到鸟儿在叫呢？"公主说："我知道了，人是用灵魂来听的。"

这时大师又问了："睡着的人也有灵魂啊，为什么听不到鸟儿在叫？"公主想了半天，终于明白了。原来，听是需要用心的。

 **案例3-6**

陪伴老太太聊天取得好业绩

有一个保健品推销员遇到一个六十多岁的老太太。老太太很富有，曾有过非常幸福的家庭生活，但是因为丈夫早逝，儿女又不在身边，每天陪伴她的就是寂寞和孤独。这个推销员每一次为她所做的事都很简单，就是抱着极大的兴趣频频提醒她回忆过去，让她沉浸在过去点点滴滴的美好回忆中、让她侃侃而谈，而推销员在一边专注地倾听，并不时地与她的谈话内容呼应，每一次的拜访也都有很好的业绩。

【问题与思考】

① 这位业务员做了什么事？

② 他是怎么做的？

③ 为什么老太太每次都愿意购买一些保健品？

3.聆听级别

聆听有四个级别。下面是简单的测试。

聆听时的表现状态有：

① 认真倾听，保持目光接触，集中精神不走神，不轻易打断对方的谈话，是对说话者的尊重。

② 利用神态和肢体语言适当地给予反馈，如点头或摇头。

③ 积极主动去听，分析消化所听到的内容，弄懂发言人真正的意思并适当提问，而不

是听听就算了。

④客观倾听，心态摆正，不存偏见。

分为四个层级的聆听者：

初级听众——做到①，表面看上去合格，但心里有可能在想其他事。

中级听众——做到①②，在听而且听进去了，有反应、有兴趣。

高级听众——做到①②③，不但关注，而且互动。

VIP听众——做到全部①②③④，积极倾听、认真关注、心灵互动。

作为民航从业人员，必须是高级听众甚至是VIP听众。

即问即答

你是哪一级的聆听者？

三、聆听技巧

与客户沟通中的聆听技巧，总结为四个方面：环境、心态、整体信息把握、反馈，它们决定着你的亲和力。

（1）环境　创造或选择安静无扰的场所。

（2）心态　平静、空杯、专注的心态。

①平静心情（情绪）。

②保持空杯心态：没有先入之见、不过早定论。

③集中注意力。

（3）把握整体信息

①不猜测、不中途判断、不插嘴不打断、聚精会神地全部听完。

②听完后不管清楚或有疑问都要询问核对。

③细心观察对方语音语调与身体语言的细微变化，比较其与文字语言的吻合与不吻合之处，感觉判断客户的真实内心感受。

④注意"弦外之音"、"话里的话"。

（4）身心同步、积极反馈

①点头、微笑、眼光交流，身体前倾。

②专注、端坐，不小动作。

③对疑惑作询问，记录。

④简单复述与核对。

例如："王先生，刚才您对住宿的要求我重复一遍，您听一下对不对，如有遗漏或错误请立即帮我纠正。您的要求是：1……；2……；3……。是不是这样？"

【实训3-10】

听话技巧测试

实训目标 考核与训练聆听力。

实训内容 根据测试表，每位学员认真测试，算出分数，分析。

实训设施 测试表。

实训步骤 测试→上交结果→点评→分析不足→建议改正方法。

项目	情 景	都是	常常	偶尔	很少	从不
态度	（1）你喜欢听人说话吗？	5	4	3	2	1
	（2）你会鼓励别人说话吗？	5	4	3	2	1
	（3）你不喜欢的人在说话时，你也注意听吗？	5	4	3	2	1
	（4）无任说话人是谁，无论男女老少、或动听或难听，你都能很注意听吗？	5	4	3	2	1
	（5）朋友、熟人、陌生人说话时，你都注意听吗？	5	4	3	2	1
行为	（6）你是否会目中无人或心不在焉？	5	4	3	2	1
	（7）你是否注视说话者？	5	4	3	2	1
	（8）你是否忽略足以使你分心的事物？	5	4	3	2	1
	（9）你是否微笑、点头以及使用不同的方法鼓励他人说话？	5	4	3	2	1
	（10）你是否深入考虑说话人所说的话？	5	4	3	2	1
	（11）你是否试着指出说话人所说的意思？	5	4	3	2	1
	（12）你是否让说话人说完他的话？	5	4	3	2	1
	（13）你是否试着指出他为何说那些话？	5	4	3	2	1
	（14）当说话者在犹豫时，你是否鼓励他继续说下去？	5	4	3	2	1
	（15）你是否重述他的话，弄清楚后再发问？	5	4	3	2	1
	（16）在说话者讲完之前，你是否避免批评他？	5	4	3	2	1
	（17）无论说话者的态度和用词如何，你是否都注意倾听？	5	4	3	2	1
	（18）若你事先知道说话者要说什么，你也会注意听吗？	5	4	3	2	1
	（19）你是否询问说话者有关他所用字词的意思？	5	4	3	2	1
	（20）为了让说话者更完整地解释他的意见，你是否询问？	5	4	3	2	1

将你的得分加起来。你的得分是_____，那你是_____。

（1）90～100分，你是一个优秀的倾听者；

（2）80～89分，你是一个很好的倾听者；

（3）65～79分，你是一个勇于改进、尚算良好的倾听者；

（4）50～64分，在倾听方面需要好好训练；

（5）50分以下，你有在听别人说话吗！

【实训3-11】

再讲故事测问题

情景 对课前的讲故事测问题再继续一次，取类似事件；看看有没有进步？这对你有什么启发？

      实训目标 考核与训练学员们的聆听力。

      实训步骤 找到旧报纸、选旧事件→读一遍→测问题→结果→点评。

【实训3-12】

聆听模拟

      情景1 空中乘务员为老太太送餐。

      情景2 扮演装潢公司业务员小李到万先生家，沟通装潢事宜（要不要装修？怎么装修？）

      情景3 办公室员工小王接待来访的客人。

      实训目标 考核与训练学员的聆听素养。

      实训内容 根据情景角色扮演，重点关注"聆听"这一沟通动作，点评。

      实训设施 展现相关情景、不同角色。

      实训步骤 模拟"聆听"→点评→记录实训报告。

      考核标准 郑重、认真听、观察、眼光交流、微笑、记录、不小动作、身体前倾、听完询问核对、简单复述与核对。

? 思考与练习

一、应知知识练习

1. 客户在下决定"购买"时是什么心理？

2. 人类有哪些人格模式类型？各有什么特点？如何进行沟通？

3. 询问对于沟通有什么意义？如何询问？

4. 聆听有什么意义？聆听有几个层级？

5. 聆听需要怎么做？

6. 服务工作（或文员或销售）中知人力有什么意义？你认为应该怎么做？

二、应会能力实训

1. 通过综合信息渠道获知某一人物（如马云、宗庆后）的人格心理。

2. 实地拜访某一办公室与某人，观察其办公室与人，并结合询问、聆听，判断其人格心理。如：①某院长、副院长；②某处长、某系部主任。

3. 尝试作人格判断：《红楼梦》中角色——林黛玉、薛宝钗、史湘云、王熙凤、探春……贾宝玉。

4. 你作为推优代表来了解王××同学的情况，要沟通班主任张老师。你如何展开工作？模拟实践。

5. 公司的老资格员工老王满面怒容地来到了办公室（注：事后知道是要找王总，讨要说法"为什么我本次加工资还不如年轻同事呢？"）。此时王总正在主持一个上级领导参加的会议。年轻刚来不久的办公室干事小王接待了他，小王认识老王、但关系不熟。问题：小王应如何接待老王？如何通过"知人"动作以培养亲和关系、了解其心理？模拟实践之。

6.选择一个晴朗的日子去爬山，然后在山顶用一个你觉得舒服的姿势向远方眺望，直到地平线。控制自己的头脑，使其尽量放松、放松、再放松。你感受到大自然……

7.综合训练：带着本书去拜访某位学院领导，介绍你学习沟通技巧的收获与感受，并请他对你的拜访评分、提建议。

知识拓展

一、马斯洛需求

1943年，美国心理学家马斯洛发表了《人类动机的理论》一书，提出了人的需求层次理论。在他看来，人的需求有一个从低到高的发展层次。低层次的需要是生理需要，向上依次是安全、爱与归属、被尊重和自我实现的需要，追求自我实现是人的最高动机。

二、相面

通过观察分析人的形体外貌、精神气质、举止情态等方面的特征来测定、评判人的禀性和命运。认为相是命运的一种显现形式，人相必然体现着命运。相面在中国有着悠久的历史，最早约可追溯到公元前七世纪的春秋之际。古代相学著作体系较实用的主要有《麻衣神相》、《柳庄相法》、《神相全编》、《水镜集》、《相理衡真》等。

三、PAC理论

PAC理论又称为相互作用分析理论、人格结构分析理论、交互作用分析，由Eric Berne于1964年在《人们玩的游戏》（Game People Play）一书中提出。

这种分析理论认为，个体的个性是由三种比重不同的心理状态构成，这就是"父母"、"成人"、"儿童"状态。取这三个单词的第一个英文字母，Parent（父母）、Adult（成人）、Child（儿童），所以简称人格结构的PAC分析。"P-A-C"理论把个人的"自我"划分为"父母"、"成人"、"儿童"三种状态，这三种状态在每个人身上都交互存在，也就是说这三者是构成人类多重天性的三部分。

一般来说，工作中最有效的交互作用是成人对成人的交互作用。这种交互作用促使问题得到解决，视他人同自己一样有理性，降低了人们之间感情冲突的可能性。倘若能在交往中把自己的情感、思想、举止控制在成人状态，以成人的语调、姿态对待别人，给对方以成人刺激，同时引导对方也进入成人状态，作出成人反应，那么就有利于建立互信、互助关系，保持交往关系的持续进行。

第四章

表述力

情景活动与案例导引

应聘模拟

模拟整个应聘过程，岗位是杭州文化宾馆人力资源部干事；招聘经理须询问应聘者对岗位的认识、个人情况、对公司要求如薪酬等；关注应聘者的介绍。

关注：应聘者的介绍有效果吗？

案例导引

察言观色的介绍

3位客人来到广州流花宾馆的文苑南餐厅用餐。领位、入座、上茶后，服务员马上请他们点菜。

"请问，你们想吃点什么？"服务员边请客人看菜单边问他们。

做东的客人告诉她，想尝尝澳洲龙虾。服务员从他的言谈话语中看出，客人是北方人，可能不太熟悉广州地区的龙虾种类，有必要向他们推荐介绍。

"先生，龙虾的品种很多，澳洲龙虾虽然很有名，但在肉质、弹性、光泽、口感等方面均不如广州地区的龙虾。"服务员诚恳周到的介绍引起了客人的兴趣。接着，服务员又坦率地告诉客人，"广州龙虾的价格要稍高于澳洲龙虾，如感兴趣，可先少要一些尝尝，觉得合口味再重点。"

客人被服务员真诚的态度所感动，同意点广州龙虾，并让他继续推荐当地名菜。服务员忙把宾馆的风味菜"例牌鲍鱼"、"夏果澳洲带子"等介绍给他们，还不厌其烦地把这些菜的来历、亨制方法、配料、口味、色泽和形状作了详尽说明，使得客人欣然接受。

餐间，客人把服务员叫过来点酒。服务员介绍了流花宾馆的轩尼诗，告诉客人价钱只有880元，很实惠，还符合了"发"了又"发"的谐音。服务员的解释颇中客人的心意。用餐临尽时，服务员又向客人推荐了美国红葡萄酒和新疆哈密瓜。

这一餐客人消费很高，但十分满意，纷纷夸奖宾馆的餐饮质量好。

第一节
表述力概述

理论知识

在民航服务中，民航从业人员为旅客提供优质服务，尤其在售票、值机、安检、纠纷与不满处理、商务中心、购物等工作中，必须与客户面对面地交流、根据客户需求提供有效信息，从而提供给客户满足其需求的物品与服务。

一、有效表述的价值意义

当通过开场白、询问、聆听获知客户的问题与需求后，服务员就需要根据客户需求提出满足客户需求、达成客户目的的解决方案，为此作有针对性的介绍。此时的介绍，其表现如何，影响重大。

1.让客户感受到需求满足、目标达成

客人有自己的目的要求，他期望这些要求能够很好地得到满足。客人来到前台、餐厅、购物部、商务中心以及大堂或公关营销部，其目的需求是各异的、明确的。此时，他非常期望能够听到很好地吻合其需求的信息要点，或看到有条理的、逻辑的、完全符合需求的书面文案。若具备这些，此时他将感受到他的需求被满足后的那种愉悦与放松。不然，若客人听到和看到的信息与他的需求没有关联，都无助于需求满足，对于客人而言就是听了一箩筐废话，那结果就只有让客人心生烦躁、不安和不满。此时客人的心情是"你讲了半天，怎么都跟我的要求对不上号呢？"若再如此继续下去，那客户就只有选择"拜拜"，"悻悻"离去了，因为客人已经不抱希望了。

谁之过？有效表述让客人切实感受到要求会很好地得到实现，无效表述则让人心烦气躁、感受不到要求能够被满足。

2.让客户体会到尊重等精神性满足

在对客人进行表述时，所有文字内容信息专门围绕着客人需求，这显现了对客人需求的重视；在表述中的肢体语言信息、声音语言信息更能够体现对客人的由衷关怀与重视，这一切让客人体会到了被人尊重的精神感受。

3.有效表述让客人感受到了素质与实力

一个服务员的有效表述让客人感受到了这个服务员的能力素养，进而感受到了服务员所在企业的素养与整体实力，从而决定了客人的信任度。

4.最终决定了是否购买服务或产品

当客户听完你的表述介绍后感觉到需求能够被很好满足时，则心动而产生"购买"欲望。

客户产生"购买"动机很大程度上取决于服务或业务人员的有效表述。好的表述所产生的效果往往要大于企业和产品或服务的知名度对客户的影响，哪怕是没有做过广告或知名度低，也完全可以凭借专业的有效表述来成功地打动客户。这是服务人员和业务人员的基本功。

从小的方面讲，表述得好可以"卖"出一个产品或服务、推出一个方案；从大的方面讲，表述得好可以影响一个国家、甚至世界的发展。比如，欧美倡导的"普世价值观"，就销售而言就极为高效，虽然"普世价值观"是否具有"普世"价值根本有待商榷。

即问即答

① 表述在沟通中处于什么地位？

② 你的口头表述以及书面论述水平如何？

二、概念

表述简言之就是民航服务人员对客人就服务或产品的介绍过程。表述力就是有效组织语言（文字、肢体语言、声音语言）传递给沟通对方，让沟通对方感受到需求目的被很好满足的能力。所以表述或表述力涉及到一个效用与效果的问题，而不是简单的说话。

例如：

- 我国申奥代表团对国际奥委会"关于北京申办的理由申述"。
- 电话售票的过程。

三、有效表述的方法

怎么表述才是有效的？正确的？

1.关注客户的需求，而不是产品或服务

致力于表述通过产品或方案能够满足客人需求，此时的重点是客人需求能够被满足，而不是重点介绍产品或服务。

2.重点表述客户效益

主要分析该服务或交易能够给客户带来的好处、效益、帮助，要具体化、数字化。

3.主要介绍服务或产品的效用

客人感兴趣的是效用性，其次才是为什么，即相关的特点与优点。所以，关键是效用。

4.尽可能利用数据、演示、权威文件等来有效证明客户效益

综合上述，实践中经常采用FAB法则开展表述。

即问即答

产品与效益是什么关系？

 **能力训练**

【实训4-1】

模拟情景进行表述

情景1 竞选生活委员或班长，你在台前对全班同学申述自己的观点。

情景2 应聘微软公司陕西区业务员，对人力资源经理与业务经理陈述。

情景3 当学院党支部代表来考察你时，你对入党进行陈述。

情景4 作"红娘"，把一个你的好友（女，漂亮、善良、聪明，165cm）介绍给一位你认为很合适的"帅哥"（他喜欢心地善良、性格好、心胸宽、聪明的女孩，但不要漂亮的，认为不安全）。

实训目标 考核与训练学员的语言组织能力、语言表达能力、心理观察能力，在大众场合的心理素质、肢体语言与声音语言的把握能力。

实训内容 选择情景，按要求角色扮演，进行有效表述。

实训设施 教室，办公桌，扮演角色的学员。

实训步骤 选择情景→角色扮演→有效表述→点评→重复实训→记录。

第二节
属　性

理论知识

要对客户介绍产品或服务，需要针对客户利益介绍服务或产品的属性，包括特性、优点、效益价值。

一、产品属性

特性、优点、效益价值都是从属于商品的相关属性，三者所揭示的信息内涵不同。

1.特性（feature）

商品所有可以感觉到的物理的、化学的、生物的、经济的等特征，是可以用一系列指标、标准等予以表示和说明的。例如：原料构成、成分构成、数量、质量、规格、构造、功能性能、外观款式、色泽味道、包装、品牌、送货、安装等。任何一个商品都有方方面面的特性。

例："这衣服的面料是棉的。"

"这个系统有512K存储器。"

2.优点（advantage）

产品所具有的超过普通标准的特性，相对比别人的更具优势。

例："这款衣服面料的透气性很好。"

"这个系统的存储器的空间很大，运行起来速度非常快。"

"牛奶全来自于健康、高免疫的新西兰牧场的乳牛，奶粉无污染，绝对卫生、安全。"

3.效益价值（benevit）

产品的效益即产品所能够带给客户的好处。它可能是优越的质量所带来的使用上的安全可靠、经久耐用；可能是新颖的构造和款式所带来的时尚感；可能是使用上的更加快捷方便；可能是操作上的简单易行；可能是省时、省力、省钱；也可能是著名品牌所带来的名望感等。

例："这款衣服穿起来很舒服，满足你穿着舒服的要求。"

"这款电脑的存储器足够大，所以速度快、空间大，刚好可以满足你要处理很多图画的要求。"

特性（F）是产品本身所固有的，优点（A）是相对比其它产品而具有的，效益价值（B）是产品所具有的、同时是满足客户需求带给客户的好处。特性（F）满足市场一般需求，优点（A）满足市场特别需求，效益价值（B）满足客户个性化需求。尤其到了市场经

济高度发达的今天，具体到每一个客户，都有着自己独特而细微的需求，所以能够满足客户特定需求的、带给客户利益的是产品众多属性中特定的特性、优点与效益价值。

即问即答

① 利益与优点是什么关系？

② 应聘介绍中的"我是绍兴人"、"身高1.70m"有什么用？

二、民航服务业产品与民航服务业产品属性

民航服务业产品包括空中乘务服务、机场餐饮食品、康乐服务、购物服务等，它们有各自的属性。

案例4-1

同样服务不同待遇

玛利亚是洛杉矶某机场餐厅的服务员。一天，几位客人来到餐厅用午餐，她为客人送去菜单，并请客人各自点了自己喜欢的主菜。为了使他们的午餐丰盛一些，玛利亚又为他们推荐了几样餐厅的特殊菜，推荐时客人们没有表示反对。上菜后客人们只是匆匆喝了汤，用了各自的主菜和主食，对玛利亚推荐的菜他们没有动就结账离开了。离开前有人看了看桌上剩下的菜，摇了摇头，表示不太满意。玛利亚忙问他们是否打包带走这些菜，他们仍然摇着头走了出去。

晚上玛利亚又遇到了几位客人来餐厅吃饭。她按中午的服务程序和方法为客人送菜单、推荐菜，结果客人们吃得很高兴，他们对玛利亚推荐的菜赞不绝口，夸奖她服务很好，并给了她小费。在送走这些人后，玛利亚不禁心里暗暗发出疑问，为什么中午和晚上的方式基本相同，而客人的反应却不同呢？

1.特性

民航服务业产品在物理、化学、生物、经济等方面的特征，是可以用一系列指标、标准等予以表示和说明的。一般是一些客观的、中性的描述。

比如："我们航空公司成立20周年，有飞机120架。"

2.优点

民航服务业产品所具有的超过普通标准的特性，是其优势。一般是带有形容词的词语描述，带有价值判断。

比如："我们机场很古老，有非常悠久的历史"、"我们航空公司的航班都很准时"。

3.效益价值

民航服务业产品的效益即产品所能够带给客户的好处。每一个产品都会有很多种类的

效益效用，当然针对于特定旅客一般只有特定的若干效益。

比如："今天由咸阳到成都的机票打2.5折，实惠，满足省钱的要求。"

【思考与问题】

关于餐饮食品，有哪些特性、优点、效益价值？

三、属性判断

对属性要有正确判断。

属性判断的方法如下。

① 特性是自然属性，不作价值观判断，没有好坏、善恶、高低之别。

比如："我们学校是大专院校。"

② 优点是基于某种价值观的评判，是相对于别的产品在某一特性方面的优势，多用形容词来描述。

比如："我们学校为学生提供的实训条件比较好。"

③ 效益价值是针对于客户需求而言的，是客户感受到的作用、价值。

比如："我们航空公司能够让你感受到顶级的空中服务。"

 能力训练 --

【实训4-2】

一般商品的属性判断

1.判断下面的表达哪些是特性？哪些是优点？哪些是效益价值？

① 这台手提电脑外形小巧、美观、非常时尚，很符合你轻巧、便携以适合经常在外讲课的要求。

② 这台手提电脑是PT4CPU，40G硬盘。

③ 这台手提电脑外形小巧、很美观，非常时尚。

2.列举出下述事物的若干特性、优点、效益价值。

① 手机。

② 预备介绍给同学的你的朋友。

③ 康乐活动或其他。

【实训4-3】

服务业产品的属性判断

1.判断下面的表述哪些是特性？哪些是优点？哪些是效益价值？

① 西安咸阳国际机场位于中国内陆中心，是中国的第八大机场。

② 多年来，西安咸阳机场一直在我国民航机场业保持着行业领先地位，三项基本指标连续多年排名全国第九位。（2009年，咸阳机场航班起降14.66万架次，旅客吞吐量1529.48万人次，货邮吞吐量8.7万吨，跃居全国第8位。）

③ 西安咸阳国际机场刚好符合你的"客流量大和产品相关性大"的安置商铺要求。

2.列举出下述民航服务企业的若干特性、优点、效益价值。

① 幸福航空有限责任公司。

② 海南航空股份有限公司。

【实训4-4】

FAB属性分析与列举

情景 你去应聘不同岗位，分析列举自己的F、A、B属性。

岗位1 外务岗位即营销公关类

岗位2 内务岗位即行政文秘类

岗位3 分析设计岗位即商务策划—投资分析决策—财务—生产计划

岗位4 民航服务中的值机等岗位

实训目标 训练学员的自我认知能力，考核属性判断掌握水平。

【实训4-5】

为销售《民航服务沟通》培训课，分析其F、A、B属性。

F是：_____。

A是：_____。

B是：_____。

第三节
FAB利益表述

 **案例4-2**

太自我

两位衣着讲究的山东客人来到北京某四星级饭店的粤菜餐厅用餐。餐厅内装潢得华丽精致，中央还有演员在为食客们演奏民乐，环境显得十分幽雅。

服务小姐为客人端上茶水和毛巾后，便递上菜单等候他们点菜。其中一位先生看了看菜单后问服务员："小姐，你们这里有没有'红烧鲤鱼'？"

"对不起，先生。今天正好没有这道菜，红烧类的高级菜肴有'红烧大裙翅'和'红烧鲍鱼'。这是我们这里的风味菜，也是今天餐厅指定的推销菜，欢迎两位品尝。"

服务小姐面带微笑地推荐着。

"我就喜欢吃'红烧鲤鱼',什么指定推销不指定推销的与我们没有关系。难道不点鱼翅和鲍鱼就不能在这里吃饭吗？"

"先生，我不是这个意思，我是想让你们品尝一下地道的粤菜风味。我推销的菜口味比'红烧鲤鱼'要好得多，况且'红烧鲤鱼'在哪里都可以吃到，但鱼翅和鲍鱼则只能在高级餐馆和饭店的餐厅才能吃到。您二位来到我们宾馆用餐，难道不想尝尝由正宗粤菜厨师加工的菜吗？"小姐继续不厌其烦地对客人进行推销。

"我们要想吃正宗的鱼翅和鲍鱼就不到这里来了。广东、香港的鱼翅都是正宗的，况且你这样推销实际上是看不起我们。既然没有'红烧鲤鱼'就算了吧。"客人说着，站起身就走了。

服务员不知所措地望着他们的背影，她实在想不通为什么客人会不满意而离去。

理论知识

针对客户需求，如何表述才能让客户感受到需求满足、感受到好处？

仅凭商品的特性与优点是打动不了客户的，客户不会为了一大堆他认为没用的商品特性与优点而决定购买。

比如：

"这个是数码的！"　　答："那有什么用？"

"这是名牌！"　　　　答："那有什么用？"

"这个多漂亮啊！"　　答："那有什么用？"

一个"那有什么用？"就把你给打发了。

甚至商品的效益价值也并非能够完全搞定客户，只有与客户特定需求相结合，让客户确切感受到好处、利益，客户才能够满意。

一、表述的原则

"利益促成客户购买！"

客户购买的是问题的解决、需求的满足、好处的获得，唯一能够使客户掏钱或付出的是能够满足他们需求的利益。具体的商品本身只是满足需求的手段而已，如可乐、民航服务……

表述应该遵循的基本原则：围绕利益，在众多特点、优点等属性中选择部分与客户需求相关联的属性，将它们转化为效益价值，变成客户利益，这就是FAB原则。

 **案例4-3**

医生向病人介绍针灸治疗的恐怖情景

医生：治疗偏头痛对我来说很容易，用针灸就行了。

患者：我从来没扎过针灸，连打针都害怕，麻烦您一定要轻一点儿啊！

医生：那先给你解释一下针灸治疗。

患者：太谢谢您了！

医生：一会儿我就在你头顶上下左右各扎满10针，每根针2寸长。扎针时先把针直刺到头皮下，接着贯穿上下左右向对侧沿头皮平刺过去，然后再左右捻动，上下拔插，最后通上电，让针随着电流搏动，加强刺激。怎么样？准备好了吗？

患者：（听了医生的解释后被吓得缩成一团，惊恐地瞪大了眼睛，哭着说："我要回家……"）

二、FAB利益表述

表述遵照FAB原则，按照四个步骤进行，即FAB利益表述四步骤，见图4-1。

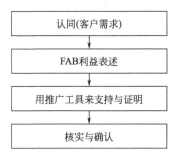

图4-1 FAB利益表述四步骤

1.认同客户

（1）重复客户需求并赞同之　好处：明确客户的需求，不致造成信息理解有误；在客户心理上再一次强化了该需求；使得客户感受到了尊重。

如："哦，原来是这样，您希望居室的灯光和整个装修同色调，而且特别要求卧室灯光柔和。"

"您说得很对，对产品送货地域的扩大和保修期的延长也正是我们在考虑的问题。"

（2）配合使用身体语言　如：目光专注地看着客户倾听他的需求；做笔记……，不住地点头、微笑。

2.FAB利益表述：用产品效益属性满足客户需求、成就客户利益

根据客户需求，针对性地列举分析产品的特点与优点，转化成客户利益与好处，促使他情不自禁地感受到"啊，这正是我所需要的……"。

在阐述观点时，按照下述顺序来说，对方更容易懂、容易接受。

业务员的表述

客户（超市经理）："我们对食品安全有严格要求。"

业务员（厂家）："啊那当然，人命关天嘛！这种饮料密闭包装、无菌灌装，保质期12个月，肯定可以在保质期内一扫而空的。"

客户："可是，这么长时间，能够保证口感纯正、地道吗？"

业务员："十万放心。本饮料由纯天然果实、植物提炼而成，外加无菌利乐包装，其实可以确保2年内都仍然口感纯正，何况12个月的保质期呢！"

经常有关于父母婚姻不幸的故事——"2个好人在一起一直不和谐，等孩子长大却选择分手"。

可能的原因是：他们都在各自付出，却是以自己的方式而不是根据对方需要的方式；太执着地用"自己"的方法爱对方，而不是用"对方希望"的方式，因此，自己累得要死，对方却还感受不到。于是，双方都觉得很累、没有爱，到老时最终结束了婚姻。

——"黄金法则"（要"爱"人）失效了。

参考"白金法则"：别人希望你怎样对待他，你就怎样对待他，即以别人希望的方式来待别人。

不同待遇

酒店营销部为了保留老客户、开拓新客户，要求总台协助留下每一位入住客人的联系电话，方便建立客户资料。

某天总台小王和小刘上班，在办完每位客人登记入住后都非常礼貌地要求客人留下联系电话。但是小王屡招客人拒绝，而小刘却基本顺利地留下了每位客人的联络方式，于是小王与小刘在空闲时进行了交流。小王说："我都有礼貌有微笑跟客人讲：'××先生，您可以给我们留个联系电话吗？方便我们酒店给您留个客史。'可客人都不愿意留，说：'我想来住的时候会打电话给你们的，不用留。'客人好像不希望我们留他电话到时候打搅他。"小刘说："因为现在很多商家为了推销产品或服务，都会不择时段地去打电话打搅客人，我也经常接到类似的推销电话，这一点我比较有感触。所以在向客人索取联系电话之前我就已经考虑到这一点了，所以我都是这样跟客人讲的：'先生，请您在住宿单上签名确认房价，并麻烦您留下您的有效联系电话，我们会为我们的常客设置专门的客史档案，当酒店有比较实惠的促销活动时，我们会优先考虑我们的常客并及时电话联系您，而且如果您不小心在退房时遗漏了物品在酒店客房内我们也能第一时间通知到您。'因为我说的是为客人好的话，如果我听到这样的话我也会愿意留电话。"小王终于明白了，原来他没能从客人心理出发去考虑问题。

总结：真正了解客户→调整我们的想法与行为→以客户认为最好的方式、而非自己认为好的方式对待客户→客户需求满足、达成利益→客户同意。

课堂训练

利用FAB原则，向客户介绍你公司的产品或服务			
特性（feature）	优点（advantage）	效益价值（benefit）	最终效果

3.用推广工具来支持和证明

在FAB利益表述中，必须要用资料、图片、证书、介绍信以及产品演示等来支持与证明表述中的特点、优点、效益价值，增加客户利益达成的可信度、权威性。如："×××，你看……。"

注意：拿出举例的资料要完全针对需求点与所分析的特性、优点，资料要完整无缺、要熟悉资料；业务员有必要坐在适当的位置（如在有助于增加亲和力和方便客户的侧旁坐）、与客户保持距离、保持目光接触，手掌手指要干净，用笔帮助讲解，最好有产品演示。

案例4-6

一种有效的销售方式

立威是某办公设备公司的销售人员，他常用的一种销售方式非常有效。在见到准客户的时候，立威先介绍自己、闲聊两句，然后打开公文包，里面装着事先拆散的传真机。打开包时，他故意让传真机从一米高的地方掉到地上。这让客户很吃惊，一下子吸引了客户的注意力。立威捡起地上的部件，开始组装产品，同时继续做产品介绍。五分钟之后，机器装好了，立威也介绍完产品特点，这时立威用传真机发了一份文件，证明掉在地上对产品没有造成丝毫损坏。客户大都深深地记住了立威精彩的"销售演示"，只要有需要，一般都会购买他的产品。

> 这时立威运用的推广工具是什么?

4.核实确认

（1）复述客户需求与意见　例："再总结一下，您的要求是……，这是很独到、很有创意的。"

（2）强调产品或服务或观点对客户的利益价值　例："对此，我们建议A方案。A方案将帮助您实现……。"

（3）达成确认　例："刚才我们的商讨是这样吗？"

能力训练

【实训4-6】

前台表述模拟训练

情景　在值机柜台，针对旅客犹豫不定不知要选择什么位置的座位，此时作为服务人员的你如何表述？针对此种情景模拟之。

实训目标　考核与训练学员的询问力、表述力，考核亲和力、属性判断的掌握水平，以及肢体语言与身体语言的表现素养。

实训内容　接待旅客，有亲和力地询问、聆听、表述。

实训设施　讲台，学员。

实训步骤　接待旅客→询问→聆听→表述……点评→纠正性实训→报告。

【实训4-7】

机场餐厅服务员的菜品介绍

情景　在机场餐厅旅客点菜犹豫不定，拿着点菜单的你，如何说？（通过询问、表述观点、促其下决定）

实训目标　考核与训练学员的询问力、表述力，考核亲和力、属性判断的掌握水平，以及肢体语言与身体语言的表现素养。

实训内容　接待旅客，有亲和力地询问、聆听、表述。

实训设施　餐桌，学员。

实训步骤　招待旅客→询问→聆听→表述……点评→纠正性实训→报告。

【实训4-8】

销售课程给王总

情景　到××公司销售《客户沟通技巧培训》（或商务礼仪培训）课程，拜访公司王总。如何表述？尝试进行角色模拟。

实训目标 考核与训练学员的FAB表述力，考核学员对FAB原则的理解与掌握水平，以及心理素质、肢体语言与声音语言的表现素养。

实训内容 一对一沟通，时间限定5分钟。

实训设施 办公桌，学员。

实训步骤 身心准备→敲门→……→询问→聆听→表述……点评→纠正性实训→实训报告。

【实训4-9】

演讲型课程销售

情景 到××公司销售《客户沟通技巧培训》（或商务礼仪培训）课程，安排在小会议室给公司人力资源总监、培训总监、相关部门经理、部分老资格员工、感兴趣者约20人作培训课介绍。你如何表述？尝试角色模拟。

实训目标 考核与训练学员的FAB表述力，考核学员对FAB原则的理解与掌握水平，以及心理素质、肢体语言与声音语言的表现素养。

实训内容 到台前，面对学员们作演讲销售，时间限定10分钟。

实训步骤 上台→……演讲……→点评→纠正性实训→实训报告。

❓ 思考与练习

一、应知知识练习

1.客户在与服务员沟通中，客户关心的是什么？

2.为客户介绍产品或服务，要遵循什么原则？重点讲什么？

3.怎么理解FAB原则？举例说说，在生活中你一般是怎样推销你的建议方案的？

二、应会能力实训

1.分析、描述下述事物或产品的属性。

产品1：你的手机。

产品2：你的朋友（你想销售他、为他找朋友）。

产品3：《客户沟通技巧》培训课。

产品4：在吴山东面的60平方米老房子。

2.针对下述情景模拟角色，进行FAB利益表述。

情景1：在售票中心，针对旅客不知道要选择什么类型的机票，此时你将如何向他表述，促其心动？

情景2：在餐厅，旅客点菜犹豫不定，拿着点菜单的你，如何对旅客说？（通过询问，再针对性建议，促旅客下决定）

情景3：到矩阵航空公司销售《客户沟通技巧》培训课程，拜访公司总经理。怎样向他重点表述？

情景4：太白金星到花果山劝说孙大圣到天庭任"弼马翁"。如何有效劝说，让孙大圣动心？

情景5：作为"黄蓉"（大财阀的独女、稀缺母爱，硕士）的朋友的你，如何作红娘把"憨哥郭靖"（本科，家庭小康，有开小公司的舅舅家族，为人十分厚道，品性优，极吃苦耐劳）介绍给巧黄蓉，令"黄蓉"心动？

情景6：应聘业务销售工作（或行政助理、或仓储管理）时介绍自己。进行有效地表述。

情景7：在手机门店，通过沟通询问，客户答："小巧美观有档次、能QQ并视频、送给女朋友作生日礼物。"此时，你进行有效表述。

💡 知识拓展

与客户表述时，若客户提出异议，再进行正面说服就没有什么效果了，此时需要侧面迂回，比如运用"引导"、"提示"，会有很好的效果。

一、引导

承认与运用客户的价值观（他看重的要素）、结合客户的人格模式，提供另一种思维方式，引导客户按照另一种思维路径，得出不同结果，从而促成决策。

使用的场合情景　已经与客户建立了一定的亲和关系、客户有了较明确的需求，但还是难以权衡，因表面上"付出"较高而难以下决心的时候。

范例：

例1　客户："啊呀，价格太高了！"

分析：其实客户考虑的是成本问题，所以思路应该转到总成本、长时期生产，计算平均成本。

故如此沟通："其实咱们要的是付费成本的低廉，一次性付出虽然是高，但我们的产品稳定性高、单位能耗低，综合起来的总成本其实是低于行业平均水平的，所以才是真正低廉啊！"

例2　客户："你们机器的生产速度慢！"

分析：其实客户考虑的是长期输出品质而非一时速度表现。

故如此沟通："现实确实是生产速度慢，但它的巨大特点与优点是稳定性高、一次性通过率高，产品近乎没有次品与返修、也没有维修停顿，所以总体来看生产速度要大大高于行业普通水平。"

二、提示

"文火炖肉才能烂"。

因为一般客户的决策逻辑是：购买决策时考虑几方面因素→对若干因素进行重要性排序→对若干方案依据因素的重要性（权重）进行比较→对各方案选择。

所以，只要知道影响或控制客户的权衡决策因素与权重，就可以实际上影响与控制客户的最终抉择。

1. 提示概念

提示就是根据客户情况提供几方面的购买因素与权重给客户作参考建议，也即提供决策要素。

这是一种非常有效地潜意识运用，在不知不觉中、在自我感觉良好中，已经按照他人设计的轨道在决策、在行为。

2. 作用意义

（1）让客户没有压迫感，因为是在非目的情况下向客户提供决策建议。

（2）一旦影响了客户的思维或客户接受了其决策建议，则决策已定。

3. 在沟通实践中运用提示即"提供决策要素"方法的注意要点

（1）把自己定义为客户的顾问与咨询人员，站在客户的立场上为客户想、为客户所急。

（2）客观分析客户情况，帮助客户找出采购的几个理由与几个决策因素（3～5个），其中建议的购买理由与决策要素，一定是自己产品所具有的属性（特性与优点）或是与自己产品（或观点）属性相关联的。

（3）离开前给客户的最后一句话是"不管怎样，你最重要的考虑是……"，例如："不管怎样，因为你的最大优势（最擅长）是……，所以你最重要考虑的应该是……"

以此逻辑最后的结果自然就是：我公司产品或服务最好、最便宜，所以购买（或选择）我公司产品或服务是最优惠、最低风险的选择。

案例1

一个男孩心仪身边一位熟识似哥们的"野蛮假小子"女孩

男孩情况是比较大度、细心，比较宽容甚至欣赏大大咧咧的"野蛮女友"，平时跟这位女孩打打闹闹但也爱护有加。女孩没有心机，需要提醒，需要自己有心思。如何让女孩先有想法？如下：

"你这种暴力、粗直的性格，谁受得了？为你将来幸福打算，建议你必须找一个肚大、耐心、能欣赏你这种野蛮的大哥哥才行啊。会有的，留心啊，发现了可要珍惜！"女孩照此思路去搜寻，结果会是什么？

案例2

购买冰箱

在杭州，购买冰箱时，"华日"冰箱柜台的服务员很诚恳地说："买冰箱是大数目，当然要谨慎，我作为客户也这么想。关键是怎么比较？考虑什么因素？大家都说自己的好，实在是不好判别，其实还是有几个关键因素可以重点考虑的。你知道现在冰箱的生产技术已经比较成熟了，各家产品都差别不大，有区别的可能是这几个方面：① 用材，是铜管还是合金；② 服务，是代理还是厂家亲自处理；③ 厂家是专业制造冰箱还是附带，这决定了是否用心、研发力度、生产与服务的重视程度；④ 技术上是否细腻，如门关的是否合缝……。""客观地说，华日冰箱的表现还是非常优秀的。比如：① 华日用的是铜管；② 华日公司在杭州，有问题的话，厂家的工程师会亲自登门处理；③ 华日公司是专业做冰箱，不像别的企业是什么都做，而且华日做冰箱已经二十多年了；④ 高手比的是细节，我们的技术是很细腻的，你看我们的门无论怎样关都能够关紧……。"此时客户虽然表面上不置可否甚至表现出不以为然，但心中可能已经完全认同。当转到别的柜台时，完全以这四个方面要素来考核、权衡、挑剔别的冰箱了。如此，最后的结果自然是选择了"华日"。

　　一流企业卖"标准"，二流企业卖品牌，三流企业卖产品。销售标准最高效！

第五章

促成力

学习目标与内容

学习目标

知识目标	能力目标
1.理解促成的意义与概念。 2.了解客户心动信号及表现方式。 3.了解促成的若干方法。	1.能初步判断客户心动。 2.会初步正确地进行促成。

学习内容

（1）促成力概述

（2）心动信号的判断

（3）促成

（4）能力训练

情景活动与案例导引

情景活动

　　班级准备出外野营活动，大家纷纷出谋划策，关于内容有的提议"九溪十八涧烧烤"、有的提议"大清谷素质拓展"、有的提议"……"，关于时间有的说"下周六"、有的要求"五一节"、有的提议"……"。你作为组织委员，最后如何提议来获得一个统一的意见？

马丽特的领位

马丽特是杭州机场咖啡厅的领位员。咖啡厅最近比较繁忙。这天午饭期间，马丽特刚带几位客人入座回来，就见一位先生走了进来。

"中午好，先生。请问您贵姓？"马丽特微笑着问道。

"你好，小姐。你不必知道我的名字，我就住在你们饭店。"这位先生漫不经心地回答。

"欢迎您光顾这里。不知您愿意坐在吸烟区还是非吸烟区？"马丽特礼貌地问道。

"我不吸烟。不知你们这里的头盘和大盆菜有些什么？"先生问道。

"我们的头盘有一些沙律、肉碟、熏鱼等，大盘菜有猪排、牛扒、鸡、鸭、海鲜等。您要感兴趣可以坐下看看菜单。您现在是否准备入座了？如果准备好了，请跟我去找一个餐位。"马丽特说道。

这位先生看着马丽特的倩影和整洁、漂亮的衣饰，欣然同意，跟随她走向餐桌。

"不，不，我不想坐在这里。我想坐在靠窗的座位，这样可以观赏机场景色。"先生指着窗口的座位对马丽特说。

"请您先在这里坐一下。等窗口有空位了我再请您过去，好吗？"马丽特在征求他的意见。

【问题与思考】

马丽特在与客户沟通中的最后话语有什么特点？

第一节
促成力概述

理论知识

"没有射门，哪有进球？"

"没有促成，哪来成交？"

在民航服务的前台服务、餐饮点菜、大堂咨询、电话咨询、礼品购物等客户沟通中，都涉及到前面沟通得挺好，需要最后"临门一脚"、却迟疑于"临门一脚"的问题。

一、概念

在民航服务工作的航前售票、机上点餐、机上服务、机场地面服务、机上免税品销售、

旅客沟通中，在前面沟通得挺顺畅、那就需要最后"临门一脚"，向客户提出建议要求，这就是促成，也叫尝试成交。

案例5-1

矿泉水销售员的成功销售：与七楼家庭主妇的对话

销售员："夏天到了，自来水供应正常吗？水质如何？"

家庭主妇："供应不正常，水质也不好。"

销售员："如果有一种既纯净又有保健功能的饮用水，你的家庭愿意接受吗？"

家庭主妇："可以考虑。"

业务员："如果我们每周两次送水上门，既经济、又很方便，这样的服务方式你会满意吗？"

家庭主妇："很好啊。"

业务员："那你先来多少？"

家庭主妇："那我就先定三个月的用量吧。"

即问即答

① 业务员做了什么正确的动作？是什么？

② 你有什么启发？

因为心境与技巧的缘故，实施促成的效果有差异，这种心境与技巧合称为促成力。

二、重要性

相关的调查证明，在即将达成一致的沟通中，如果双方都没有主动地提出要达成协议，结果往往是60%的沟通最终将以没有达成协议而告终。因此，服务员或业务员如果不适时地主动提出成交要求，将大多不会有成交。这就如同足球运动员好不容易把球从后场传到中场、过了对手传到了前场，却呆在门前不射门，结果不进球不得分。

所以在大多数情况下，不促成不成交。促成决定着能否顺利成交，促成的水平决定着成交的成功率。

而且，若不成交，将夜长梦多，会使得很多竞争对手虎视眈眈、加紧公关，有可能会丧失客户。

三、促成的方法

这是达成协议的最后时刻、也是关键时刻，这时需要恰当的心境准备、对客户心理的准确判断、运用恰当的促成方式进行促成。

① 恰当的心境准备。

② 准确判断客户心理。

③ 恰当促成。

 能力训练

【实训5-1】

售票接待中的促成训练

情景　通过询问与表述，客户对上午十点及下午两点的机票都还挺满意的。此时，何种沟通行为可使客户最后做出决定？

实训目标　考核学员对促成的理解，考核对非语言符号的运用及亲和力。

实训内容　促成的初步运用。

实训设施　讲台、学员。

实训步骤　服务人员核实确认→观察客户表情与肢体语言→促成→点评。

第二节
心动信号的判断

理论知识

一、心动信号

当产品表述集中于效益价值，客户觉得需求被满足、感受到达成利益时，就会产生接受（拥有）产品或观点的渴望与愿望，这时只须轻轻一推即可成交，这种渴望与愿望的心理就是"热纽"。此时客户会有很多的外在信息表现，这就是客户心动信号。

客户心动信号分为口头信号和非口头信号，口头信号是通过语言、言词表达出来的心动信号，非口头信号即身体语言表达的信号。

1.口头心动信号

（1）质疑、怀疑、疑问

例："怎么那么贵？"

"你看这里有问题呢！"

"东西可不大好啊！"

"这会不会故障呢？"

（2）询问

"通过什么途径送货的？"

"安装怎么办？"

"可不可以分期付款？"

"保修期多长？"

（3）肯定的语词

"听起来不错嘛！"

"我希望你能够提供更多的信息。"

2.非口头心动信号

（1）身体变化　如：身体向你的方向倾斜；松弛下来，尤其是把手摊开。

（2）表情　如：表现愉快的神情；点头，对你说的表示同意。

（3）目光　如：眼睛发亮；阅读说明书。

（4）手脚　如：把交叉的双腿放开来；向后退几步，并称赞你的产品；重新审视样品；拿起订货单。

二、心动判断

判断客户是否心动，取决于服务员或业务员的直觉与经验的积累，这需要方法技巧的学习与实践。

判断客户心动信号有若干途径，具体如下。

1.观察面部表情

① 环顾四周，忽然凝视你。

② 认真听你讲述，几次询问后，恍若松了一口气般表情轻松下来。

③ 听完你的话后面露满意的微笑。

2.观察客户的动作

① 客户听完提问答复后又重新拿起说明书看起来。

② 客户反复看样品、询问品种是否齐全、品质如何。

③ 客户直接拿出一个计算器或是在纸上计算数字。

3.从言谈中判断

① 一直随声附和的客户忽然询问起了售后服务情况、结账期、送货地点和送货方式。

② 反复地讨价还价。

大多数时候，客户在价格、服务、质量方面与服务员或业务人员纠缠、指错、追问不停一般是好事，这说明客户有心购买，因为"嫌货才是买货人"，只需稍稍作出点让步即可成交。客户沉默不语，对你的表述不表态、也没有疑问，反而是不祥之兆，说明客户没有考虑过产品购买问题、甚至没有用心听你的介绍。

即问即答

"啊，不错不错"是什么意思？

能力训练

【实训5-2】

判断下面的客户是什么心理？

（1）当销售员将产品细节、付款、运输方式详细说明后，客户表现出认真神态。客户的心理是：_____。

（2）在介绍过程中，发现客户表现出神经质的举动，如手抓头发、舔嘴唇、面色微红坐立不安。客户的心理是：_____。

【实训5-3】

角色扮演

情景1 在柜台买手机，心中很喜欢。表现此种身心状态。

情景2 在高端商场，一件皮衣很有品味，一看价格5000元。此时你的状态。

【实训5-4】

列举来进餐的食客的各种信号

情景 在餐厅点菜，服务员报了几个菜食客都不满意。此时的信号是什么？

第三节
促 成

案例5-2

麦当劳餐厅的最佳员工

有一名在麦当劳工作的服务员，他的营业额总是名列前茅，他的照片总被贴到最佳员工的位置。大家都很奇怪，想知道他成功的秘诀。在一次经验交流会上，这名服务员告诉了大家一个技巧。顾客来餐厅消费时往往比较明确地点某种汉堡或某种套餐，但是对于饮料，却往往不那么明确地点明是要中杯、大杯还是小杯，而只是说一杯可乐或一杯牛奶。面对这种情况，他便问顾客："您要大杯还是中杯？"结果他发现竟有70%的顾客会在这两个里面进行选择，而很少有顾客主动地提出要小杯。这样一来，他的营业额自然就提高了。

【问题与思考】

1.对你有什么启发？

2.还有哪些促进交易的方法？

 理论知识

一、心理建设

1.客户已经心动，需要被推一把力

当客户心动信号产生，则意为：我心已动（我的心已被你的魅力、产品或服务、观点打动了），我准备决定购买或接受了，不用再讲了。

这时客户心理需要的是被帮助下定决心、被人推一把力，再给一些理由好说服自己，好半推半就地接受，"不是我非要不可，而是她实在太热情，我实在不知道怎么来回绝，所以就……"。

2.主动地向客户提出要求

让客户主动地说出"我要……"，这是很勉为其难的。

不要等待客户亲口向你索要订单或提要求"我要……"，也许你能等到，也许你永远都等不到这一刻的到来。如果已经观察到客户心动信号，就必须主动递上订单、进行促成。记住：销售或服务工作可不是练习矜持的时候！况且，竞争对手虎视眈眈，他们可不会矜持，他们会抓住机会不断软磨硬泡而使客户变心，到时后悔也来不及。

3.充满自信与热情

自信心是可以传染的。自信的态度是业务人员或服务人员有效地施展技巧的必要条件，如果没有自信心，再好的技巧也产生不了什么效果。同时，连同自信产生的热情、主动的非语言信息，结合恰当的促成文字，则可以收获客户承诺并签单（成交）。

二、促成方式

一般来说，获取承诺有不同方式，当然具体怎么用、什么时候用，则须根据不同场合、客户的态度来灵活掌握。获取承诺的促成方式有很多种，这里介绍实践中最常用的促成九

式：直接式、摘要式、比较式、初步式、特卖式、选择式、想象式、胁迫式、假设成交式。

1. 直接式

直接提出成交要求。这种方式有风险，若为否定回答则失去了机会。

例：① "那么，咱们就要十点的机票吧。"

② "这是一份1000单的合约，王总您过目一下，觉得可以您请在这里签字。"

2. 摘要式

将前面讨论过的问题再复述一遍，特别是对客户感兴趣的部分，然后再尝试促成。

例："概括来说就是：第一……；第二……；……。这正是您所需要的。那么我们就这样定下来吧。"

3. 比较式

通过和客户同行作比较或者是和同类商品作比较，利用客户的攀比心理来获取客户承诺。

例："A商店销售我们的产品有一段时间了，情况非常不错，您何不也进一点试销一下？"

4. 初步式

以小批量的交易作为开始，因为对客户的压力不大，所以容易取得承诺、取得突破口。

例：① "先进两箱销销看，如果销售好的话就再多进，怎么样？"

② "您先住一天看看吧，假如感觉还挺好，那就不妨多住几天？"

5. 特卖式

利用客户希望得到优惠而害怕失去优惠的心理，利用该产品或服务正在做促销、搞特价来说服客户相信现在是购买的最佳时机，否则机会丧失将利益受损。

例："现在我们正在优惠促销，力度很大的，机不可失啊。来多少？"

6. 选择式

给顾客以多种选择的引导式方法，这是一种潜意识说服的有效方法。

例：① "希望我们什么时候送货呢？下周一上午还是下周二下午？"

② "先生，您看，您是要公务舱呢，还是经济舱？"

7. 想象式

这是一种通过提一些想象式的问题来刺激客户对购买前景的美好想象或恐惧图景，从而激起购买欲望的促成方式。

例："万经理，想象一下，接受了这次培训之后，您公司（部门）的销售业绩的增长会是怎样地令你的同行与领导惊讶和惊喜啊！那是怎样的效果啊！您觉得安排什么时候合适呢？"

8. 胁迫式

利用不利于客户的情景，给客户压力的一种促成方式。

例："跳楼大出血，最后一天啊！不买别后悔啊！"

"就剩这两款了，而且安佳公司的老李明天要来取一款，你看来哪一款？"

9.假设成交式（成交试探）

当客户发出的购买信号并不十分强烈或清晰时，销售人员可以假定客户已经决定购买产品或服务，针对某些细节（颜色、种类、货运、付款方式等）情况来询问客户意见的一种促成方式。如客户对产品或服务有意的话，很容易接受你的假定，并在此基础上考虑细节问题；如遭否定，也无关系，因为他拒绝的并非购买产品或服务而是细节问题，你可以继续介绍、继续成交试探。

例："您喜欢哪种空调扇页呢？宽的还是窄的？"

"该空调还有礼品送。附送的小礼品，您是要空调罩还是电源插座？"

即问即答

你在生活中喜欢用哪几种方式？为什么？

案例5-3

及时促成交易

某办公用品销售员到某办公室去销售碎纸机。办公室主任在听完产品介绍后摆弄起样机，自言自语到："东西倒是挺合适，只是办公室这些小年轻毛手毛脚，只怕没用两天就坏了。"销售员一听，马上接话道："这样好了，明天我把货运过来的时候，顺便把碎纸机的使用方法和注意事项给大家讲讲，这是我的名片，如果使用中出现故障，请随时与我联系，我们负责维修。主任，如果没有其他问题，我们就这么定了！"

即问即答

① 这位销售员使用了什么促成招式？
② 你想一种其他方式来促成，并演示一遍。

能力训练

【实训5-5】

模拟角色扮演"促成"

情景1 "红娘"（"黄蓉"与"郭靖"的好朋友）与"黄蓉"说了很多关于"郭靖"的品性，很多地方正是"黄蓉"所期望的，"黄蓉"很有一些心动了想去会会这位"憨哥哥"，当然也不好意思主动、脸都红了。"红娘"看在眼里，如何促成使得"黄蓉"答应去见见面？

情景2 太白金星夸耀天庭战马大总管"弼马翁"是多么重要而不易任职的一个要

职，大圣被忽悠得有些晕乎乎了，急于就想上天到玉帝处报道。但心理又有些不好意思怕被太白金星看出来而被人耻笑，所以忸怩着。此时，太白金星如何有效促成？

实训目标　考核学员对促成的理解，考核对非语言符号的运用及亲和力。

实训内容　促成的初步运用。

实训设施　前台、学员。

实训步骤　服务员核实确认→观察客户表情与肢体语言→促成→点评。

❓ 思考与练习

一、应知知识练习

1. 促成对于客户沟通有什么意义？

2. 客户的心动信号有哪些？

3. 有哪些促成的方式？你喜欢运用哪些"促成"手段？

二、应会能力实训

1. 下面的信号，表明了客户什么购买心理？销售人员应该如何应对？

（1）在听完服务员或业务员的介绍后，客户彼此对望，通过眼神来传递对你介绍的产品或服务的看法、相互征询的神态。

心理：_____；应对方法：_____。

（2）当销售人员的销售介绍结束后，客户把前倾的身体靠向椅背，轻松地吐出一口气，眼睛盯着桌上的文件。

心理：_____；应对方法：_____。

（3）在介绍过程中，发现客户表现出神经质的举动，如手抓头发、舔嘴唇、面色微红坐立不安。

心理：_____；应对方法：_____。

（4）在听完介绍后，你的客户低垂眼帘，表现出困惑神态。

心理：_____；应对方法：_____。

2. 促成实训（单一促成动作）

进行模拟实践，比如"介绍朋友、销售观点、求爱、卖手机……、民航从业人员在前台或购物店接待……"等尝试促成。

情景1：民航从业人员在售票柜台接待旅客，交流后客户对若干客房有些迟疑不定，此时需要你帮他做个决定。你如何帮他做决定？

情景2：在购物店购买特产"西湖龙井茶"，商品让人眼花缭乱且价位不低，客户犹豫着。恰逢今日店庆有优惠9折并赠送小礼品。你尝试有效促成。

3. 情景实训：在手机门店，经过沟通介绍后，客户频频点头、紧握手机不断地演示QQ视频，并问"会经常掉线吗？出故障怎么办？"此时，你应该怎么办？模拟之。

4.综合促成实训

情景　小赵是××日用品化工产品公司的销售代表，这次带着公司最新推出的系列——适合各种发质使用的洗发露产品，去拜访本市最大的一个大型超市的经理王某。目的是达到30000套上架，至少初步试卖3000套。

该洗发露的情况是：每套分为四种——清爽型、去屑型、柔亮型、舒适型，适合各种发质，而且包装新颖大方、颜色亮丽。其中该洗发露请了明星×××做形象代言人，并可能来超市做签名宣传活动，这是很令王经理感兴趣的。

由于刚投入市场，厂家制定的优惠政策是：一次性购买30000套以上的可以在批发价的基础上打九折，50000套以上的打八折。目前，××日用品化工产品公司的产品在王经理的超市有一个专柜，各类日化用品的销量也一直居前列。小赵估计洽谈的分歧可能在送货时机上，因为已经快到周末了，可能超市比较难以准备货架以及库存，当然小赵对下周送货也是可以接受的。

【问题与实训】

如果你是小赵，当你拜访了王经理，详细介绍了产品特性、益处，现在正处于获取承诺阶段，你将如何促成？请分别用各种方法进行促成。

知识拓展

推销成交的内涵

所谓促成，是指顾客接受推销人员的购买建议及推销演示，立即购买推销产品的行动过程。促成是面谈的继续，也是整个推销工作的最终目标。在成交时，推销人员不仅要继续接近和说服顾客，而且要采取有效措施帮助顾客做出最后的选择，促成交易并完成一定的成交手续。对此可以从以下几个方面理解促成。

1.促成是推销人员积极发挥主观能动性，实现最终目标的过程。推销人员是促成的主体，而顾客是促成的客体。顾客虽然是促成的客体，但不是被动地接受推销，特别是在买方条件下，他们已经成为市场的主宰，引导着推销人员的推销活动，因此，要想实现促成，主体必须善于发挥主观能动性，采取恰当的推销手段和方法进行劝说和演示，积极建议顾客购买。

2.促成还是说服顾客，促使其采取购买行动的过程。这个过程就是前面介绍过的著名的爱达模式。

3.促成又是推销人员和顾客之间进行反复信息沟通的过程。促成离不开信息沟通。一方面推销人员要接收顾客发出的信息，了解他们的购买心理；另一方面还要向顾客传递信息，通过多种渠道和方法，如广告、建议、劝说、演示等，让顾客了解自己的企业和所推销的产品。这一过程不可能一次完成，推销人员和顾客要经过多次反复的信息交流和沟通，才能实现促成目的。

第六章

异议化解力

学习目标与内容

学习目标

知识目标	能力目标
1.理解异议化解的概念、意义。 2.了解异议处理的方法、步骤。	会一般的异议化解。

学习内容

（1）异议化解概述

（2）异议化解

（3）能力训练

情景活动与案例导引

 情景活动

学员甲扮演扁鹊、学员乙扮演蔡桓公，按情景演绎话剧《扁鹊劝治蔡桓公》。

扁鹊见蔡桓公，立有间，扁鹊曰："君有疾在腠里，不治将恐深。"恒侯曰："寡人无疾。"扁鹊出，恒侯曰："医之好治不病以为功！"居十日，扁鹊复见，曰："君之病在肌肤，不治将益深。"恒侯不应。扁鹊出，桓侯又不悦。居十日，扁鹊复见，曰："君之病在肠胃，不治将益深。"桓侯又不应。扁鹊出，桓侯又不悦。

居十日，扁鹊望桓侯而还走。桓侯故使人问之，扁鹊曰："疾在腠里，烫熨之所及也；在肌肤，针石之所及也；在肠胃，火齐之所及也。在骨髓，司命之所属，无奈何也。今在骨髓，臣是以无请也。"居五日，桓侯体痛，使人索扁鹊，已逃秦矣。桓侯遂死。

成功改变预订

丽萨小姐是纽约某饭店一个餐厅的电话预订员，她每天都有一些固定的客户，某些客户的桌位还是固定的。某天餐厅接到一个社会团体的年会预订，时间订在星期六晚上7：00～8：30。这与一些固定客户的预订发生了冲突。为了争取做成这笔生意，同时又保证老客户的利益，餐厅决定让几个电话预订员紧急与老客户联系，与他们商讨改时、改期或改地。

丽萨通知了自己的几个老客户，只有亨利夫妇遇到了一些麻烦。

"亨利先生，您预订的在星期六晚上8点钟的晚餐，由于餐厅业务变动，需要更改时间，对此造成的不便我们将给您相应的补偿，不知可否？"丽萨在接通电话后问道。

"可是我已经通知了几个朋友，星期六晚上8点到你们饭店去。要知道你们餐厅的信誉不错，我特意请了朋友去庆祝我的生日，所以预订时间不能更改。"亨利先生说。

"原来星期六是您生日，恭喜您啦。能不能换一个餐厅，我保证给您营造一个良好的生日气氛。"丽萨热心地建议道。

丽萨在征得亨利先生的意见后，为他预订了小宴会厅的餐桌，安排了冰雕、烤牛肉、火鸡、海味等美味佳肴，并免费赠送亨利先生一个生日大蛋糕。

亨利先生对这次变更感到很满意。

第一节
异议化解概述

理论知识

一、概念

在与客户交往过程中，一般情况下与客户沟通不会一帆风顺，一定会有不满意而出现波折，客户会有异议、抱怨、投诉以及发生一些突发事件。在这种情况下就有必要尽快地、有效地把问题处理掉，不然问题一定会扩大，客户的不满意会进一步增强。

这种把问题处理掉、把客户异议化于无形的能力就是异议化解力。这对于民航服务岗位的工作人员来说具有极其重要的作用。做得好异议就化解了，做得不好不但不能化解异议，反而会激化异议。

二、客户异议的必然性

客户产生异议是很正常的，这有客户方面的原因、更有服务员方面的原因。

1.沟通者之间心理方面的不契合

（1）客户心理　客户在"购买"服务或产品时，他有自己的心理需求，除了具体的未满足的需求要填补而达成利益外，他还有被尊重、表述意思与情绪的被理解、所表示异议的被认同以及自我保护心理，等等。

（2）服务人员心理　在与客户的沟通中，针对客户的需求与解释，服务员更多地是从自己所理解的角度展开介绍与建议，并坚持自己的观点，试图"说服"客户接受自己的观点，甚至反驳客户或求证对方错误来证明自己观点的正确性。表现为自尊、自我为主、自我利益、说服。

2.一般沟通的结果

沟通者之间如此沟通必定产生一种结果：双方缺乏契合、客户产生异议。若服务员还不改弦更张，不从客户角度考虑问题、不从客户角度进行解释，那么异议将难以消除，甚至越来越大，最后一拍两散。客户感到"我的需求不被满足"、"我的人格不被尊重"的遗憾，服务员感受"我的好方案不被理解"、"我的热心被冷弃"的委屈，甚至进一步加重了对与客户沟通的恐惧与迷惘。

三、异议化解的必要性

有人际交往就会有客户异议，犹如道路中一定会有障碍；障碍去除后就通向目的地，同样地化解异议后就会有客户决定、双方达成协议，所以，化解异议是达成有效沟通的必然环节、也是离达成协议最近的一个环节。只要异议化解，服务员或业务员适当地促成，协议即可达成。

四、方法内容

在与客户交往中会出现多种客户异议方式，比如不认同、抱怨、投诉、各种饱含负面信息的突发事件等。

针对上述异议，服务人员须迎头而上。逃避不是办法，想方法解决才是正道，其实异议是完全可以有效化解的。

化解异议需要有效方法：

① 积极心态；

② 有效化解异议的方法步骤。

 **能力训练**

【实训6-1】

案例分析

某客人带朋友去酒吧喝酒。服务员张某一直按要求提供规范服务，不断向客人，介绍酒的年份和酿造过程及产地，换毛巾、斟酒。同时不停地说"先生，请问绿茶冲兑的淡一点还是浓一点？""先生，请问您喝什么饮料，我们有各种鸡尾酒……？""打扰一下，为您换烟缸。""不好意思，打扰一下，为您换毛巾。""……"最后客人终于忍不住发话了，"你可不可以安静一点站在一边儿？需要服务我会吩咐你的。"

此时服务员小张的服务热情被一盆"冷水"浇得不知所措，一脸茫然地站在那里……

【思考与问题】

① 服务员小张在热情服务时的心理是什么？

② 客人在喝酒时有怎样的心理要求？服务员过度热情时是什么感受？

③ 服务员应该怎么做？

第二节
异议化解

 **理论知识**

顾客是不可能"一说就服"的。在沟通过程中，客户会经常提出种种原因不接受，这就是客户异议。

对此需有良好的心理素质去面对，还要以有效的技巧去处理，化异议为同意，最终成交。

一、异议类型

客户的异议有许多种方式，其中典型的有：不关心、误解、怀疑、拒绝、提出真实意见等。

1.不关心

当服务员或业务员向客户介绍产品或演示时，客户表现出一副毫无兴趣的架势，这种情况可从身体语言中无意地显露出来或者以口头语言表示出来。

如：身体语言——"眯着眼睛、身体后仰、左顾右盼"等；口头语言——"缺乏兴趣"、

"与我何干？"、"我太忙了"。

2.误解

因为各种原因导致客户没有听清楚服务员或销售人员的表述和演示，或者在这个过程中误解了意思，因而使得客户产生异议。

如销售人员介绍手机，并强调了手机是双屏的……。介绍完后客户说道："单屏手机要翻盖才能看到来电号码，太麻烦了，我是不会考虑的。"

3.怀疑

客户对产品的性能或品质等方面有怀疑。

如："真有那么好吗？"

"琳达，我觉得你说的24小时的送货时间是不太可能实现的。"

"上次你介绍的产品，听我同事说并不是那么回事啊。"

4.拒绝

客户直截了当地表示对产品或服务不感兴趣。

如："很遗憾，贵公司产品在本地没有多大市场，我们不能代理。"

"先放着，有机会会给你联系的。"

5.提出真实意见

客户对产品或服务的需求超过了产品本身的价值与功能，此时客户觉得产品有"缺陷"，当客户有此不满时就会提出"真实的意见"。

如："如果你们的电视机不仅能播放，还能同步录下正在播放的节目，那该多好！"

"要是贵公司在我们商场设立一个售后服务柜台就好了。"

二、异议化解方法

面对客户异议，需要积极心理建设与有效方法应对。

1.积极心理建设

面对客户异议，很多人会产生消极心理，或者觉得沮丧，或者紧张地进行自我辩护并可能变成与人吵架，或者随同客户异议怀疑产品或服务，总之在这一时刻，如果没能具备积极心态、积极面对客户异议，结果也就是没有化解异议。

（1）正确认识客户异议

①认识到："异议是沟通中的必然环节，是必须经历的渠道。"

②认识到："沟通由遭到拒绝开始，并且异议是可以去除的。"

③"没有拒绝，只是尚未达成结果"。

（2）积极重新定义

①"异议就是换一种方式再一次介绍的邀请"。

②"嫌货才是买货人"。

2.有效化解异议

在积极心理建设的同时，服务员要冷静清醒、仔细观察，认真分析原因，想出应对措施。

化解客户异议的一般外理程序如下：

积极心理建设→认同客户异议→探询问题与原因→从另外一个角度再一次解释表述，以更有力的工具证明→促成→……永远亲和力建设→……→重复沟通，见图6-1。

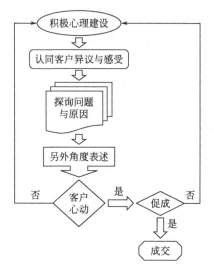

图6-1 异议化解流程示意

（1）认同客户异议 对客户的异议绝不能当场反对或否认，要对客户异议表示理解、关注只有这样才能建立双方的亲和关系，之后才有可能以理论与事实为依据来作进一步的沟通说服。这里的认同是心情上的认同，绝对不是观点内容方面的同意。

案例6-1

客户："我们给记者配的笔记本电脑重量要在一千克以下，而且要求全内置，你们能够做得到吗？"

业务员："您的提议很有道理。这样记者工作时就可以减轻负担了，而且移动时不须花费很长时间整理行装。"

案例6-2

客人："你们的方案好是好，就是在费用上太高了些，不但比别家高很多，而且超过我们的预算太多了。我们单位也批不下来的。"

业务员："王经理啊，您的心情我非常能够理解。谁都想节约费用，况且在金融危机的关键时刻。赚钱不容易啊。关于费用应该是这样考虑的……。"

（2）探询问题与原因（使客户异议具体化）通过观察、询问等方式使客户异议具体化，找出客户的真正问题，进一步探讨问题发生的原因，找出客户的真正需求。

"针对刚才我提出的方案，您觉得不合您要求的地方有哪些啊？"

"针对这款笔记本电脑有什么具体意见？您不满意在哪几个方面？在性能、外观等方面具体有哪些更细致的要求？"

（3）换一个角度解释　从另外一个角度再一次FAB利益表述，并以更有力的工具来证明。真正找到客户的利益关心所在，然后以与原来表述不同的角度来陈述产品利益，使客户清晰地认识到该产品或服务对其需求的有效满足，同时用各种资料、凭证来证明该产品或服务对客户的利益价值，这是对客户心理的补偿。

"我们摊开来讲实在的，您对这款笔记本电脑最不满意的是什么？"

"……价格偏高啊！"

"啊，非常能够理解，这年头赚钱不容易。是这样！这款在性能、形状方面都很满足您的要求，因为×××电脑的质量是非常有保证的，后续的优秀服务、使用中电脑不会出问题、几年后仍然如新的外形……，综合来看每年所摊的费用其实比其他产品要低很多啊。"

或者运用"借力打力"的方法。

 案例6-3

　　客户说："我收入少，没有钱买保险。"业务员却说："正因为你收入少才需要买保险啊，以便从中获得更多的保障。"

案例6-4

　　服装业客户说："我这身材穿什么都不好看。"服务员说："就是因为这样，你才需要设计，来修饰你身材不好的地方。"

（4）保持长久联系与跟踪服务以保持和提升亲和力　在整个沟通过程中，亲和关系的建立与保持是永远必需的，无论是正反馈时还是负反馈时，甚至负反馈时更要保持热情联系与殷勤，人毕竟是有情感的，感动与友情产生于良好关系与殷勤服务的持久坚持中。只要培养了与客户良好的亲和关系，何愁沟通不成呢？此之谓："生意不成友情在"，"此单不成还有下单"，"留得青山（亲和关系）在，不怕没柴（签单）烧"。

（5）回到相应拜访阶段，重复沟通以激发热纽　客户沟通有四个阶段：亲和关系建设、察知客户需求、表述利益、促成。产生客户异议肯定是因为某个沟通环节没有处理好，所以就有必要从产生问题的这个环节重新沟通。而每一个环节都有可能出问题，举例如下。

①情景　客户一副公事公办的态度。

分析：服务员或销售员尚未与客户建立亲和关系，亲和力不足。

措施：回到亲和关系建设阶段，加强闲聊、同步沟通，以建立亲和关系。

②情景　客户应付说："对不起，现在我实在没空！"

分析：客户没感觉到利益好处，不值得停下来。

措施：回到开场白阶段，闲聊中表述将给客户带来的益处，让客户心动。

③情景　客户说："对不起，我没兴趣。"

分析：没有找对客户的需求，表述没有让客户感受到利益价值。

措施：回到察知心理需求阶段，真正去了解客户的需求点、心动处。

④情景　客户说："这又怎么了！这与我何干！"

分析：客户未感到你的表述对他有价值、效益。

措施：回到表述阶段，运用FAB原则进行有效利益表述。

⑤情景　客户已经心动了，但你一直迟疑着……，于是客户说"那就下次再说"、"好的，下次再说"。

分析：客户没有得到成交邀约，你没有促成。

措施：回到促成阶段，进行有效促成。

课堂训练

面对客户的拒绝借口，你该如何应对？

客户的拒绝借口	你的应对
我要考虑考虑	
我们的预算已经完了	
我要和老板商量	
现在生意不景气	
你的价格太高了	
我不在意品质	
我还要和别家比较比较	

能力训练

【实训6-2】

哪里出了问题？

情景1　在会务销售时，听完了你关于场地、设备、费用等介绍后，经理说："现在生意不景气啊，钱没以前好赚了，这得要请示老板。先到这儿？"

情景2　在会务销售时，经理从开始就双手抱胸、后靠椅背，审视着你。

【实训6-3】

购物中的价格"贵"异议化解

情景　在购物店推销特产"西湖龙井茶"，介绍后客户说："怎么那么贵？"

实训目标　考核与训练学员的观察力、异议化解力。

实训内容　角色扮演，点评。

实训步骤　角色扮演→点评→记录实训报告。

【实训6-4】

有效改编、演绎话剧——现代版"扁鹊"说服蔡桓公就医

情景　具体内容见本章[情景活动]

提示　运用寒暄闲聊、同步术，借用《触龙说赵太后》的方法来沟通。

实训目标　考核与训练学员的观察力、异议化解力、亲和力。

实训内容　角色扮演，点评。

实训步骤　角色扮演→点评→记录实训报告。

第三节
投诉抱怨与矛盾冲突处理

 **理论知识**

在服务客户过程中，因为各种各样的原因客户经常会有一些不满意的地方，这时服务员应该在第一时间关注到客户的负面情绪、把问题有效处理。

一、投诉抱怨处理

处理宾客的投诉抱怨，员工应根据一定的程序，认真、及时、正确、灵活地处理。处理投诉的一般程序如下：聆听→谢歉→分析→协商→总结。

1.倾听宾客诉说

接待宾客的投诉，要尽量避开在公共场所，首先应礼貌地引领宾客到合适场所，请宾客坐下，递上热茶，准备好笔和笔记本后，诚恳地请宾客说明情况。听取宾客投诉时，要认真、耐心、专注地倾听宾客陈述，不打断或反驳宾客。用恰当的表情表示自己对宾客遭遇的同情，不时地点头示意，必要时做记录，并适时地表达自己的态度，如：

"哦，是吗！"

"我理解您的心情……"

"您别急，慢慢说……"

如果接待的是容易激动的宾客，接待人员一定要保持冷静，说话时语调要柔和，表现出和蔼、亲切、诚恳的态度，要让宾客慢慢静下来，这类宾客平静下来需要2分钟左右的时间，接待人员一定要有耐心。

2.感谢并安慰宾客

当宾客诉说完毕，首先要向宾客致谢，感谢他（她）的意见、批评和指教，然后加以

宽慰，并代表公司表达认真对待此事的态度。如：

"非常抱歉地听到此事，我们理解您现在的心情。"

"我一定认真处理这件事情，我们会在20分钟以后给您一个处理意见，您看好吗？"

"谢谢您，给我们提出的批评、指导意见。"

有时候，宾客的投诉不一定切实，但在宾客讲述时，接待人员不能用"绝不可能"、"没有的事"、"你不了解我们的规定"等语言反驳。

3.及时了解事情真相

首先判断宾客投诉的情况应由哪及管理者或哪个部门负责，将记录的原始资料提交给相应的管理者。负责处理投诉的人员，应立即着手了解事情的经过并加以核实，然后根据民航企业的有关规定拟订处理办法和意见。

4.协商处理

将机场或航空公司拟订的处理办法和意见告知宾客。如宾客接受则按此办法处理，如宾客不同意处理意见，还需要和宾客协商，以便达成一致意见。对无权做主的事，要立即报告上级主管，听取上司的意见，尽量与宾客达成协议。当宾客同意所采取的改进措施时，要立即行动，耽误时间只能引起宾客进一步的不满，扩大负面影响。

5.事后分析总结投诉原因

处理完宾客投诉的问题后，应把事情经过及处理意见，整理成文字材料，分类整理存档备查。同时将问题进行分析总结，需由机场或航空公司方面调整的，则应立即修正；需要告知全体员工注意的，应在各个部门班前会上强调，以便杜绝类似事件发生。

为方便机场员工正确对待、处理旅客的投诉，以便达到快速而满意的结果，有人将投诉处理的整个过程概括为5个字，"听、记、析、报、答"，即"聆听"、"记录"、"分析"、"报告"、"答复反馈"。

二、矛盾冲突处理

只要有人际交往就一定会有矛盾冲突，有矛盾冲突就必须要化解掉。在机场发生这类事情是不可避免的，同时机场或航空公司是尊崇"服务第一"、"客户是上帝"这种信念的服务性经营企业，客户权益的全面尊重是必需的。

所以在矛盾冲突处理中，有必要运用"先情后理"的"太极"理念，先坚持"旅客总是对的"。

在具体行为中，把握行为步骤：留面子→再理论→提建议。

案例6-5

有礼有理有利

一天晚上，天津某大饭店的酒吧内几个日本人围坐在一起，忽然其中一位醉眼蒙胧的客人拍着吧台用日语叫了起来。服务员小燕急忙走过去问个究竟。"你们提供的酒是假的，不是真正的日本清酒，请你给我拿真正的清酒来。"这位日本客人满脸通红地嚷嚷着。"先生，请您息怒，我们这里的进口酒都是经过严格检查的，质量绝对有保证。请您看一看酒瓶。"小燕把原装的酒瓶拿给他看。谁知这位客人连看也不看就把酒瓶丢到地上，然后气呼呼地说："我喝了这么多年的清酒，难道连真假都分不清吗？"不管小燕如何解释都不管用。最后找来了酒吧经理。

"先生，晚上好，我是这里的经理。谢谢您对我们酒吧的服务质量提出了宝贵的意见。我们的清酒确实是从日本直接进口的，为了维护饭店的声誉，我们尊重您的意见，明天我们就与日本方面联系，请他们帮助检验，检验结果一定让您过目，至于今天的酒水费暂时可以不收，等检验结果出来后再说吧。"酒吧经理对闹事的日本客人提出了建议，日本客人见经理的话很有道理，便同意了。

客人临走时，酒吧经理又请他留下了姓名和房间号，以便联系。

第二天，酒吧通过与日方公司的电传联系，经过烟酒进出口公司的检验，认定了清酒的质量，并拿到了检验结果。紧接着，酒吧经理与这位客人联系上，请他来看并告诉他，如果酒是假的饭店将通过新闻媒体正式向客人道歉；如果酒是真的，那么一切费用包括检验费用和损失费用均由客人来付。

日本客人听了酒吧经理的话，深为昨天酒醉事态而后悔，马上同意付款并向饭店的酒吧表示道歉。

【问题与思考】

经理处理冲突其有礼、有理、有利各体现在哪里？

能力训练

【实训6-5】

对下述情景进行适当处理

情景 某天下午，某机场宾馆，一位女士急匆匆从客梯出来直奔大堂门口的玻璃旋转门。她一边走一边还在整理自己的背包。旋转门得到感应后缓缓地移动。突然，"砰"的一声，那位女客人撞在了厚厚的玻璃上。大堂经理小陈赶紧三步并作两步上去查看情况。女士怒气冲冲，说撞痛了头，丝袜也被钩破了，要求小陈给她一个说法。

？ 思考与练习

一、应知知识练习

1.当对方提出异议时，你应该抱有怎样的心境？

2.当对方提出异议时，你将采取什么措施来化解异议？

二、应会能力实训

1.异议观察判断：下述情景各属于什么类型的异议？

（一般—前台住客—点菜—礼品销售）

情景1　客户回应说"你说得或许也有些道理。但我们现在已经不感兴趣了。"

情景2　客户皱着眉头说："你说得什么呀。你介绍的跟我刚才要求的不是一回事嘛！"

2.异议心理训练

客户皱着眉头说："你说得什么呀。你介绍的跟我刚才要求的不是一回事嘛！"对于此种情景，你在心理上如何面对？如何自我沟通？

3.异议化解训练

情景1　"啊呀我的姐啊，你说的这人太木了吧！而且也太穷酸啊！"面对表妹对你介绍的男生如此评价，你如何化解？

情景2　在手机柜台，经过一番介绍后，酷哥说"哎呀，这么贵啊？而且信号也不太好！"此时，你如何化解他的异议？

情景3　孙大圣被太白金星劝说去天庭任"弼马翁"（战马总管），大圣嫌当官不自由，而且嫌官不够亮（比不上二郎神），不如在家做"大圣"过瘾。对此，你如何化解异议。

情景4　售楼员与客户一番介绍后，客户说："这房子价格太贵了，现在楼市下滑得厉害，万科都已经降了近3成；而且位置在九堡，离中心城区太远了，太不方便。总之，在这个位置还这个价格，没法接受。"对此，你如何化解他的异议？

情境1：当顾客错了的时候

位于美国纽约自由街114号的麦哈尼公司，是一家专门经销石油工业非标准设备的公司。有一次，该公司接受了长岛石油集团公司的一批订单。长岛集团在石油界举足轻重，是麦哈尼公司的重要顾主。麦哈尼公司接受订单后不敢怠慢，抓紧时间把图纸设计好，送到长岛石油集团公司去审核。图纸经石油公司的总工程师批准后，麦哈尼公司开始动工制造。

然而，不幸的事情发生了：那位顾主——长岛石油集团公司的定货人在出席朋友家的私人宴会时，无意中谈起了这批定货。几位外行人竟然信口雌黄，说什么"设计不合理"、"太大"、"大小"、"太长"、"太短"、"价格太贵"……七嘴八舌、叽叽喳喳。不负责任的飞短流长，使这位顾主产生"被人欺骗了"的感觉。这位顾主开始时六神无主，继而觉得真有其事。最后竟拍案而起，勃然大怒。他打电话给麦哈尼先生，大发雷霆，把麦哈尼公司臭骂一顿，发誓不接受那批已经开始制造的非标准设备。说完，"啪"的一声，把电话挂断了。

电话那头，麦哈尼先生呆若木鸡。他被骂得丈二金刚摸不着头脑。他还没来得及转过神，没有申辩一句，顾主就把听筒撂了。

麦哈尼先生从事石油非标准设备制造多年，经验丰富，是一位懂技术的经理。他把蓝图拿来，一一对照仔细检查，看不出半点纰漏。凭经验，他确认设计方案无误，于是就乘车去长岛公司求见那位顾主。在路上，他想，如果我坚持自己是正确的，并指责顾主在技术上的错误认识，那么必将激怒顾主，激化矛盾，使事态变得更加严重。我应该……

当麦哈尼先生心情平静地推开顾主办公室的门时，那位顾主立刻从椅子上跳起，一个箭步冲了过来，噼里啪啦数落了一顿，他一边龇牙咧嘴，一边挥舞着拳头，气势汹汹地指责着麦哈尼公司。

在一个失去理智的人的面前，麦哈尼先生不气不恼，两眼平静地注视着对方，一言不发。也许是麦哈尼先生不温不火的态度感染了顾主，使顾主发现自己对一个心平气和的人发火是没有道理的。他突然停止了指责，最后耸耸肩，两手一摊，用平常的声音说了一句："我们不要这批货了，现在你看怎么办？"

麦哈尼公司为这批订单已经投入了2万美元，如果对方不要这批货了，重新设计制造，公司就要损失2万多美元；如果与对方打官司，就会失去这家重要的顾主……

麦哈尼先生心平气和地说："我愿意按照您的意愿去办这件事。您花了钱，当然应该买到满意合用的东西……"

麦哈尼先生只用两句话，就平息了顾主的冲天怒气。他接着开始提问："可是事情总得有人负责才行，不知这件事该您负责，还是该我负责？"

平静下来的顾主笑着说："当然得你负责，怎么要让我负责呢？"

"是的，"麦哈尼说，"如果您认为自己是对的，请您给我一张蓝图，我们将按图施工。虽然目前我们已经花去2万美元，但我们愿意承担这笔损失。为了使您满意，我们宁愿牺牲2万美元。但是，我提请您注意，如果按照您坚持的做法去办，您必须承担责任；如果让我们照原计划执行——我深信这个计划是正确的——我负一切责任！"

麦哈尼先生坚定的神情、谦和的态度、合情合理的谈话，终于使顾主认识到他发脾气是没有道理的。他完全平静下来以后说："好吧，按原计划执行，上帝保佑你，别出错！"

结果当然是麦哈尼先生没有错，按期交货后，顾主又向他们订了两批货。麦哈尼先生说："当那位顾主侮辱我，在我面前挥舞拳头，骂我是外行时，我必须具备高度的自制力，绝对不能与他正面冲突。这样做的结果很值得。要是我赤裸裸地直接说他错了，两人争辩起来，很可能要打一场官司。那时的结果是：感情和友谊破裂，金钱受到损失，最终失去一位重要的顾主。在商业交往中，我深深相信，与顾客争吵是划不来的。"

问题：当客户有异议时，如果是客户错了，我们怎样才能保住客户？

情景2：推销员最忌跟顾客争执

爱尔兰小伙子欧哈瑞，年轻时酷爱跟别人抬杠，当过汽车司机，后来改行推销卡车。其实推销员这个职位根本不适合他这种爱抬杠的人，客户挑剔他的车子，他就会涨红脸大声强辩。

欧哈瑞承认，那时候他在嘴上赢得不少辩论，但是这对他自己的工作毫无一点用处，他一辆卡车也推销不出去。渐渐的，他意识到自己的弱点，就从各个方面反省自己，改变自己。他开始懂得克制自己，避免和客户发生口角。

现在，欧哈瑞是纽约怀德汽车公司的明星推销员，他是如何走向成功的呢？欧哈瑞这样说："如果我现在走进顾客的办公室，而对方说：'什么？怀德卡车，不好！我要的是何

赛的卡车。怀德的卡车送给我我都不要！'

我会说：'老兄，何赛的卡车确实不错！买他们的卡车绝对错不了。'

这样的话，他就无话可说了，没有抬杠的余地。如果他说何赛的卡车最好，我说没错，他只有住口了。他总不能在我同意他的看法后还说上一下午"何赛的卡车最好"吧！当我们不再谈何赛的卡车后，我便开始介绍怀德卡车了。

当年要是听他那种话，我早就气得脸一阵红一阵白了。我会开始挑何赛卡车的毛病，我批评别人的车子不好，对方就说好，愈辨之下对方就愈喜欢我对手的货物。"

就这样欧哈瑞成功地运用了舍车保帅的策略，尽管对方在口舌上占了上风，但是，他却在推销卡车上取得了胜利。

问题：欧哈瑞的转变对我们有什么启示？

💡 知识拓展

一、顾客异议的含义

顾客异议是准顾客对推销人员的陈述不明白、不同意或反对的意见。顾客表示异议而打断推销人员的话，或就某问题拖延成交等都是推销过程中必然遇到的问题。推销人员必须乐于接受异议，因为异议对推销人员来说不仅不是坏事，而且会给推销活动指明方向。

顾客异议具有两面性：其一，它可能是成交的障碍。如果顾客没有得到满意的答复，他就不可能采取购买行动。其二，顾客提出异议也为交易成功提供了机会。如果推销人员能够恰当地解决顾客提出的问题，使他对产品及交易条件有充分的了解和认同，就可能产生购买意向。推销人员应该设法引导顾客公开异议，认真分析并及时总结，采取恰当方式妥善处理异议，克服顾客为成交设置的种种障碍，取得最终的成功。

二、顾客异议的类型

了解顾客异议的类型有助于推销人员选择有效的异议处理方法。异议的主要类型包括如下方面。

1. 需求异议。顾客自认为他根本不需要推销产品而产生的异议。

2. 支付能力异议。顾客认为他支付不起购买产品所付的款额。

3. 权力异议。顾客表示无权对购买行为做出决策的异议。

4. 质量异议。顾客对产品质量不满而提出的异议。

5. 价格异议。顾客认为产品价格过高或过低而提出的异议。

6. 信用异议。顾客认为推销人员的信用度低，或者对推销人员所代表的企业的信用度表示怀疑而产生的异议。

7. 交货期异议。顾客对推销人员能否按照合同要求的各项内容在限定时间内交割货物表示怀疑所产生的异议。

8. 推销人员异议。顾客认为不应该向某个推销人员购买商品的异议。

9. 服务异议。顾客对购买产品后能否得到运输、零配件供应、安装调试、技术培训等售前、售中、售后的服务项目或对推销人员承诺的服务项目能否落实所持的异议。

10.购买时间异议。顾客认为现在不是最佳购买时间而想推迟购买的异议。

11.利益异议。顾客对购买产品后能否为自己带来利益以及利益的多少表示怀疑而产生的异议。

12.政策异议。顾客对购买行为是否符合政策要求所提出的异议，顾客担心一旦购买行为被确认是违反政策法规，将被追究。

上述异议，按照是否反映顾客的真实想法可划分为真实异议和虚假异议。虚假异议是顾客为掩盖其真实想法或者拒绝推销人员及产品的一种借口，真实异议才是推销人员所要了解的各种发自顾客内心的不同意见。

第七章

常用沟通方式

学习目标与内容

学习目标

知识目标	能力目标
1.理解口头沟通的特点与规律要求。 2.了解电话沟通的特点、打电话与接电话的要求。 3.了解书面沟通的特点、一般错误、实践要求。 4.了解网络沟通的特点、沟通中的要求。	1.能比较有效地进行口头沟通。 2.能较好地打电话、接电话。 3.能够基本规范地写文章。 4.写E-MAIL基本符合规范。

学习内容

（1）口头沟通

（2）电话沟通

（3）书面沟通

（4）网络沟通

（5）能力训练

情景活动与案例导引

 情景活动

你早上临时有事须去城里，按学校规定必须请假。你向班主任老师和任课老师请假。电话、短信、请假条、带口信或综合皆可，你自己设计；写出内容信息。

（1）按真实来模拟请假。

（2）从班主任与任课老师角度评价你自己的这次请假，其效果、合理与不合理的地方。

（3）生活中怎样来沟通？对你有什么启发？

案例导引

真诚的道歉才是客人最需要的

　　日本系列团是××酒店比较重视的接待项目之一，加之日本客人对客房设施设备特别是卫生间要求的严格性，每次有日本系列团入住，前厅和客房都会配合作好提前准备工作。某日晚间，有日本团入住，一切准备就绪。可是在客人入住不久后却发生了一件意想不到的硬件故障——酒店的水管故障，导致客房卫生间发生了停水现象，日本客人非常不满地向日本组团社进行了投诉，这将严重影响到酒店与此系列团旅行社全年的合作。对此，酒店一方面安排工程人员进行急修，一边又积极联系导游要求其转为传达酒店已在全力解决并告知客人大概的修复时间（因存在一定的语言障碍）以平息客人的诸多不满，但导游的解释似乎未起到根本的安抚作用，不能缓解客人对酒店的不满。酒店营运总监作出了决定，带领前厅、客房主管及经理向导游学习了日语的道歉语，逐个房间对客人进行了真诚的道歉，最后甚佳地化解了此次投诉事件，而作为旅行社也更为信任酒店的合作诚意。

　　【问题与思考】

　　① 在这个时候，什么沟通方式才是有效的？

　　② 你有什么启发？

　　沟通是一种实践的艺术。

　　不同的环境，适合采用不同的沟通方式。在具体的沟通实践中，不同的沟通方式都遵从沟通的基本技巧，但因为各自有不同特点，所以有自己的沟通要求。

　　实践中，因为不同情景要求采用不同的沟通方式，常用的沟通方式包括面对面的口头沟通、电话沟通、书面沟通、网络沟通、演讲、谈判等。在民航服务中，最常用的沟通方式是口头沟通，其次是电话沟通，以及书面沟通、网络沟通等。

第一节
口头沟通

理论知识

　　口头沟通就是面对面地、以口头传递信息的沟通方式，这种沟通方式以肢体语言、声音语言、文字语言全面地传递信息，是人际沟通中的主体沟通方式，也是民航沟通中的主要沟通方式。

一、口头沟通的特点与规律要求

1.特点

口头沟通具有全面、直接、互动、立即反馈的特点。

（1）全面　沟通者在口头沟通中传递了包含文字语言、声音语言、肢体语言的全面信息，而这些全面信息又被沟通对方接收到。

（2）直接　沟通双方不需要借助其他信息渠道，双方通过自己的视觉器官、听觉器官以及心灵直接接收感知对方发出的信息。

（3）互动　双方在沟通中进行信息发送、接收、发送的传递过程，即双方是互动的。

（4）立即　双方的信息发送、接收、发送过程是立即开展的。

这就要求沟通者在口头沟通中尤其要遵守沟通规律，以使达成沟通效果。

2.规律

口头沟通的过程是：先远观、后近看、再言听，然后是沟通者把听到的文字信息与声音信息、看到的肢体语言信息进行综合感知，形成对沟通者、沟通信息的综合评判，再互动反馈。也就是沟通者先从较远处观察沟通方的形象仪态、后在近处细细地察看沟通方的行为礼仪与表情、再听沟通方的招呼与开场白，接收综合信息以感知沟通方是否热情、可亲，形成第一印象，构建亲和力；然后是在口头表述的过程中，通过伴随传递的声音语言、肢体语言信息继续加强亲和力；通过观察、询问、聆听来察知沟通方的心理需求，针对心理需求进行有效表述，在恰当时机进行有效促成，同时化解异议，如此达成有效沟通。只有积极心态才能确保有效的肢体语言与声音语言。

总结口头沟通的规律，具体如下。

① 沟通程式：亲和力→察知心理需求→有效表述→促成→异议化解。

② 肢体语言信息与声音语言信息决定了亲和力。

③ 决定肢体语言信息与声音语言信息的是心态。

3.要求

口头沟通的特点与规律，对我们进行口头沟通提出了要求。尤其对于以客户服务为主要产品、以人际沟通为主要产品内容的民航服务工作中，服务员的口头沟通有更高要求。

① 符合沟通程式：亲和力→察知心理需求→有效表述→促成→异议化解。

② 重视与正确把握肢体语言与声音语言，从形象仪态、表情礼仪、开场白开始，以及在互动沟通中，有效把握肢体语言、声音语言。

③ 调整到积极心态。

④ 文字语言信息要有效、清晰、简洁。

下面从肢体语言、声音语言、文字语言以及沟通程式四个方面进行具体分析，展开训练。

二、口头沟通中的肢体语言

口头沟通始于肢体语言沟通，"先远观、后近看"就是沟通者先从较远处观察沟通方的形象与仪态、后在近处细细地察看沟通方的表情与行为礼仪。口头沟通中肢体语言信息包括形象与仪态、表情与行为礼仪、眼神、手势、小动作等。见表7-1。

表7-1　肢体语言的沟通渠道

肢体语言	行为含义
手势	柔和的手势表示友好、商量，强硬的手势则意味着"我是对的，你必须听我的"
表情	微笑表示友善礼貌，皱眉表示怀疑和不满意
眼神	盯着看意味着不礼貌，但也可能表示兴趣，寻求支持
姿态	双臂环抱表示防御，开会时独坐一隅意味着傲慢或不感兴趣
声音	演说时抑扬顿挫表明热情，突然停顿是为了造成悬念，吸引注意力

肢体语言信息是潜意识的外在表现，最接近真实内心。肢体语言信息在沟通中具有重要作用，据研究者估计，沟通中55%的含义受肢体语言的影响，即不是文字语言信息的本身而是沟通时肢体动作的影响。肢体语言信息传递的正确性决定了口头沟通的有效性。

所以要充分重视肢体语言信息的传递，在口头沟通中正确把握肢体语言。作为服务人员主要在以下几个方面正确把握。详细内容见本书第二章以及相关礼仪书籍。

（1）形象　服务员的形象仪表应该是整洁、美观、大方、朴实的，而不是相反。

（2）仪态　仪态反映了一个人的精气神，概括是"站如松、行如风、坐如钟"。

（3）表情　真诚的微笑是最美好的语言，为此保持内心的愉悦。

（4）接待礼仪　招呼、握手、递接名片、倒茶、让座是一个连贯的过程，其中需以热情、笑脸为基础。

（5）目光　要保持与人眼光交流，热情、友好、亲切、坦诚，在注视时间与空间上要适当。

（6）手势　明确、精炼、自如和谐，千万注意别错误运用。

（7）其他　根据实际情况，本着"尊重人、方便人"的原则正确把握。

三、口头沟通中的声音语言

声音语言指有声而无固定意义的声音符号系统，包括语速、音调、音量、节奏、声音补白、质量等不同种类。据研究者估计，沟通中38%的含义受声音的影响，即不是文字语言信息的本身而是沟通表达方式中的声音语言的影响。民航服务中对于服务人员在口头沟通时的声音语言有较高要求，要求声音热情、悦耳、有节奏、发音清晰，具体如下。

（1）语速　适中，呼吸一下新鲜空气，慢慢说。"扫机关枪型"，一般人受不了。

（2）音调　指声音的高中低音，悦耳的是柔和的中音、微向上升。

（3）音量　声大小、响亮程度，适中为宜。

（4）节奏　抑扬顿挫，保持均衡、规律。

（5）声音补白　"嗯、啊、呀"、"你知道"等短语，要连贯、流畅。

（6）发音　发音准确、音节清晰、吐字清楚。

四、口头沟通中的文字语言

口头沟通时所表达的词语文字承载了沟通的内容信息。在口头沟通中，是否了解客户心理需求、是否针对心理需求有效地组织词语文字进行表述、文字表述是否逻辑有条理，决定了口头沟通的有效性。据研究者估计，沟通有效性的7%取决于文字语言信息。在口头沟通中，在文字语言把握方面，服务人员须注意以下几点。

（1）有效　词语文字要针对需求展开，强调效用，强调语言表述的有效性。

（2）清晰有条理　词语表述要有条理、符合逻辑，让听者明晰。

（3）简洁　语言表述时强调效用与逻辑，同时为听者考虑，尽可能简明扼要，禁忌啰嗦、滔滔不绝。

（4）恰当与敏捷　服务人员在服务过程中要敏捷地用词造句，出口成章，随机应变并能敏捷地听懂词句、听出条理，而且还要能听出弦外之音。不灵活、反应慢、说话巴巴结结、听得丢三落四，则不利于交际。

案例7-1

经典的说错话

有一个人非常好客，一天他决定大摆宴席，请左邻右里及亲朋好友赴宴。到了开饭时间，人来得差不多了，但仍有几人没到，有人等得不耐烦了提议可以用餐了，主人没有应允，说："等等，该来的没来！"大家一听，原来，我们是不该来的。于是这个推说家里有事，那个说突然想起一件必须马上得办的事纷纷借故离去。不一会儿，人走得差不多了，只剩下几个与客人最好的朋友。主人急了，忙问怎么回事，其中一个人告诉他是由于主人不会说话造成的。主人明白了，大喊有点冤："嗨，我哪里会是在说他们哪！"这几个平日和他交好的朋友也最终离去。

为何事与愿违？只怪自己反应慢，表达太糟糕！

在民航服务沟通中，对与旅客沟通有较高的要求，沟通中应注意下列事项。

（1）少用祈使句　避免使用命令式语气，多用请求式。

"等一下"→"请您等一等"或"请您稍等好吗？"

"把身份证递给我"→"请把您的身份证递给我一下，好吗？"

（2）少用否定句　"不要……"、"不应该……""不是……"→代之以语气委婉的语言。

（3）少用反问句　含有质问的口气，令听者反感。

"我这正忙着，不会等一下吗？"→"您稍等好吗？"

（4）避免使用的服务用语　不用"不知道"而是"这个问题等我去查询一下再来答复您，好吗？"

不用"这里是禁烟区，请……因为这是本店的规定"而用"实在抱歉，如果您想吸烟能否到那边的位置上去吸？"

不用"不会"、"不行"而是"可以……吗？"

（5）口头禅禁忌　禁忌傲语口头禅"你知道吗？"、"你明白吗？"、"我跟你讲！"。

禁忌废话口头禅"这个"、"那个"、"嗯"、"啊"。

（6）谦恭表述　"如果您有什么地方没有听清楚，我可以再说一遍。"→"如果我有什么地方没有说清楚，我可以再说一遍。"

五、口头沟通要则：依循程式、积极心态、听问说三结合

有效口头沟通须遵从沟通一般规律，除了在肢体语言、声音语言、文字语言方面如上述正确把握外，还需要遵从沟通程式、积极心态调整、听问说三结合。

（1）遵从沟通程式　亲和力→察知心理需求→有效表述→促成→异议化解。

（2）积极心态调整　积极自我沟通，保持积极心境与服务意识，养成爱自己、爱单位、爱民航服务工作、爱旅客以及宽容、体谅的心境。

（3）听、问、说三结合　这是对口头沟通的简单要求，三者结合是有效沟通的基本要求。

 案例7-2

应聘游戏中考核听、问、说三结合表现

一家著名的公司在面试员工的过程中，经常会让10个应聘者在一个空荡的会议室里一起做一个小游戏，很多应聘者在这个时候都感到不知所措。在一起做游戏的时候主考官就在旁边看，他不在乎你说的是什么，也不在乎你说的是否正确，他是看你这三种行为是否都出现，并且这三种行为是有一定比例出现的。如果一个人要表现自己，他的话会非常得多，始终在喋喋不休地说，可想而知，这个人将是第一个被请出考场或者淘汰的一个人。如果你坐在那儿只是听，不说也不问，那么，也将很快被淘汰。只有在游戏的过程中你说你听，同时你会问，这样就意味着你具备一个良好的沟通技巧。

所以当我们每一个人在沟通的时候，一定要养成一个良好的沟通习惯：说、听、问三种行为都要出现，并且这三者之间的比例要协调，如果具备了这些，将是一个良好的沟通。

 能力训练

【实训7-1】

让我们谈谈

情景 2人一组，时间为2～3分钟，交谈内容不限；点评语言表现；继续交谈，但不能用肢体语言。

实训目标 考核与训练学员口头沟通的文字语言、声音语言、肢体语言的有效组合运用。

实训设施 学员、桌子椅子。

实训步骤 交谈2～3分钟→停下，每组学员分别说明有哪些肢体语言表现→继续交谈2～3分钟，不得有肢体语言。

【思考与问题】

① 有没有意识到自己的肢体动作？

② 有没有令对方不快或心烦意乱？

③ 被迫不得用肢体语言交谈时有什么感觉？沟通效果与先前一样吗？

④ 对你有什么启发？

【实训7-2】

"迎宾问候语"的声音语言训练

情景 你自主设计各种问候语，模拟接待旅客或招呼旅客，尝试不同声音。如"欢迎搭乘本次航班"。

实训目标 考核与训练学员在招呼中的文字语言运用、声音语言运用。

实训设施 学员、客舱内。

实训步骤 客户走向登机门→你招呼问候→点评→纠正性实训。

【思考与问题】

① 声音语言在沟通中起到什么作用？

② 经常出错的是什么？应该怎么做？

【实训7-3】

文字语言训练之"大堂经理接待客人咨询"

情景 客人询问"在周末，是否可以有效举办1000人会议，有良好音响效果与摄录，提供2晚住宿、一日三餐、人均费用不超过120元"；酒店实际情况是"有一间大会议厅容纳600座，4个中等会议厅容纳400座，若干小型会议室，可以同步视频播放、有摄录设备，现在处于淡季"。你作为大堂经理如何解释才能与客人基本达成协议？

实训目标 考核与训练学员的文字能力，考核学员的文字组织的逻辑力、FAB运用能力。

实训设施　学员、办公桌。

实训步骤　沟通用的文字内容用书面写好→表述→点评。

【实训7-4】

了解人与表达能力训练

实训目标　考核学员的观察力、询问力、书面沟通与口头沟通力。

实训内容　观察、询问、聆听、记录、表达，以及肢体语言、声音语言、文字组织。

实训设施　2位同学，纸和笔。

实训步骤　找一位不与你坐在一起的、你认为不错的同学（至少隔2个位置），每2人一组；其中一人作为记者对另一人进行采访，采访的内容与形式由自己决定，时间3分钟；采访完成后进行角色交换再采访一遍；完成后每位同学把采访信息做一次一分钟的演讲，要把被采访者最有效地销售给大家。

【实训7-5】

大堂经理接待客人

情景　同[实训7-3]。

实训目标　考核与训练学员的综合口头沟通能力，考核学员的文字语言、声音语言、肢体语言的有效组合运用。

实训设施　学员、办公桌。

实训步骤　客人走向大堂经理→招呼→咨询与解答→点评→记录。

第二节
电话沟通

案例7-3

成功预定座位

美国休斯敦某饭店宴会部的海曼小姐接到一位订户的电话，起先客人是找克莱门丝小姐预订，由于她去休假，海曼接待了这个客户。不巧的是，客人预订的时间已经没有空位。海曼礼貌地告诉客人具体情况，并希望她改变预订的日期。

"克莱顿太太，实在对不起，您要预订的时间已经没有座位，您是否能推迟一天？"海曼微笑着问道。

"真的没有座位了吗？可是上次克莱门丝小姐告诉我随时可以找她预订。"克莱顿太太试探地问道。

"实在对不起，克莱门丝小姐已经去休假了。她临走前未与您联系上，就委托我为您预订。这样吧，我们这里还有一个餐厅，如果您不介意的话，我可以设法为您安排在这里。"海曼建议道。

"可以，但一定要订在8月5日。"克莱顿太太强调着。

"既然如此，我很愿意为您效力。请问您要预订什么样的餐食？"海曼热情地问。

"我要5个桌餐的自助餐，请你按克莱门丝小姐的方式给我预订。"克莱顿太太说道。

在了解到克莱门丝经常亲自到克莱顿太太的协会去预订的情况后，海曼也去登门拜访，与她商定了具体的摆台方法、菜单内容和服务方式，确定了其他的餐厅座位。如1号自助餐桌要求有冰雕天鹅，菜品有烤牛肉、王室烤小羊肉、牛堡海鲜、牡蛎、哈肉等，牛羊肉由厨师切开；要求服务员着礼服，女服务员为客人斟鸡尾酒；供应获奖名牌酒，音乐和花由饭店提供。

克莱顿太太对海曼的微笑服务感到满意，海曼也为结识到新的客户而高兴。

一、电话沟通的特点与规律要求

电话沟通是人际沟通中借助电话媒介来传递文字语言信息与声音语言信息的一种沟通方式。电话沟通是在沟通者双方不能见面的情况下最常使用的一种沟通方式，电话沟通在当代社会不可或缺。

1.特点

（1）信息不全面　相比口头沟通不够全面，电话沟通传递与接收的信息只含有文字信息、语音语调信息，没有肢体语言信息。

（2）即时　沟通者双方的信息发送、接收、发送过程是立即开展的，信息反馈是即时的。

（3）间接　沟通双方需要借助其他信息渠道，双方通过自己的听觉器官以及心灵，借助于电话接收感知到对方发出的信息。

（4）互动　双方在沟通中进行信息发送、接收、发送的传递过程，即双方是互动的。

2.规律

电话沟通与口头沟通的区别仅在于沟通渠道的不同，相比口头沟通缺少了视觉系统与感觉系统可感知到的肢体语言信息，以声音语言与文字语言传递与接收信息，但其传播信息与接收信息的沟通过程、原理与口头沟通相同。

总结电话沟通的规律，具体如下。

① 沟通程式：亲和力→察知心理需求→有效表述→促成。

② 通过声音语言可感知到肢体语言信息，声音语言信息决定了亲和力。

③ 决定声音语言信息的是心态。

④ 不适于长时间沟通，需要简洁。

3.要求

电话沟通对于服务员或销售员作用大、要求高。

① 符合沟通程式：亲和力→察知心理需求→有效表述→促成。

② 重视与正确把握声音语言，不但要声音热情、礼貌、清晰，要有询问、记录、复述、FAB表述，同时也要正确运用肢体语言，保持精神的姿势、微笑的表情。

③ 调整到积极心态。

④ 文字语言信息要简洁、有效、清晰。

二、电话沟通中的常见错误

电话沟通中常常会犯声音缺乏热情、有气无力、缺乏礼貌、对对方情况不了解、不聆听急着插话、在电话中长篇宏论、表述缺乏条理等错误。具体表现如下。

（1）声音缺乏热情与自信　接电话者此时接收信息主要来自于语音语调信息，热情的、自信肯定的声音会产生巨大的影响力；反之，无力的、没有感情的、吞吞吐吐的声音则产生负面力量。

（2）缺乏必要的客套与礼貌　没有必要的礼貌用语，不是"你好，是……吗？我是……。请帮……，谢谢……"，而是"喂！给我叫老刘！……"，同时语音冷淡、蛮横。

（3）抨击竞争对手　抨击竞争对手并不是专业的销售行为，反而可能会给客户留下不好的印象。

（4）不清楚谁是主要负责人与他的情况　越多地了解客户的情况对销售就越有利。此时知道客户的名字，更容易使决策人接听电话，也会使对方有被尊重的感觉。

（5）不会聆听、急着插话。

（6）电话中的话语缺乏连贯与条理　语词的连贯产生力量，在电话中只接收声音，此时话语的停顿、不连贯、重复、没有条理，将产生很大的负面效果。

（7）在电话里谈论细节　在电话中只能简单地讲一下产品对客户的利益，避免谈论关于产品的细节。在客户了解不全面的情况下，反而会容易因为细节不清楚从而产生误解，以致失去机会。

（8）在电话里与客户讨价还价　在电话里与客户讨价还价不是销售的正确步骤，应在确认客户的需求后，一般情况下都是见面商谈，而且是在表述利益后再讨论交易条款。

总结上述所犯错误，归结为：（1）（2）（3）（5）导致丧失亲和力；（4）（5）导致不了解心理需求；（6）（7）导致不能有效表述；（8）导致不能有效促成。

所以电话沟通中不管是打电话还是接电话，都要符合"亲和力→察知心理需求→有效表述→促成"的沟通程式，并需要从声音、礼仪、察知心理需求、简洁地表述、有效促成这几个方面严格要求。

三、打电话

电话沟通中的打电话需要符合沟通程式：亲和力→察知心理需求→有效表述→促成，同时尽可能地简洁表述。在电话沟通实践中应掌握如下方法：做好准备→亲和力→察知心理需求→有效表述→促成。

1.打电话前需做好准备工作

要想有好的电话沟通，就须事先做好准备工作。"不打无准备之战"，电话沟通绝对不是拎起话筒就可以的。要从心理建设、了解对方性格与需求、电话脚本设计等方面做好全面的准备。

（1）了解客户　在给客户打电话之前，要有目的地去了解客户。只有准确了解客户需求、潜在需求、客户的远大目标，才能有的放矢，才能赢得客户的关注与信任。收集客户资料可以通过多种途径来进行，例如通过客户的行业杂志、通过互联网等。

（2）找出关键的人物　找对人才能有沟通效果，因为关键人物才能决定结果。比如业务中负责客户相关业务的关键人物可能至少有两位：一位是部门的主管人员，他是使用者，提出采购的要求；另外一位是客户的采购经理（或者是董事长或是总经理），他做最后的决策，最终决定是否接受你的产品或服务以及可能接受的具体条款。

案例7-4

王经理将今日晨报社这家客户交给小李负责。今日晨报是华东地区最有影响的报社之一，对于公司来讲，是一家新客户。小李首先登录到今日晨报的网页上，了解了报社的组织结构、经营理念、通信地址和电话，然后把这些资料记录到客户资料中。接着又给另一家报社信息中心的主任打了一个电话，了解了今日晨报的计算机配备情况编辑排版和记者采编等信息。然后，向行业界的朋友打听了关于今日晨报的其他相关资料，并了解到今日晨报信息中心的何彩丽主任负责此次电脑的采购。

（3）做好语言准备

① 预先准备好文字信息：根据本次要达成的目标进行谈话内容整理，设计好电话脚本，简要记下目标、人物、观点、证据等要点，预防忘词与用于提示。

② 准备好声音语言：通过心理热身与身体活动，激发兴奋。

③ 准备好肢体语言：通过活动身体，使身体激发活力。

（4）目的明确是为了简短信息沟通　打电话的目的是为了沟通简短信息，而不是长篇大论。所以，在服务中打电话是为了告知客人有关简短信息；在业务销售中，打电话是为了通过电话沟通获得拜访（面谈）客户的机会，即电话是用来约访的而不是希望通过电话沟通来做业务。

2.活力身心

打电话时的肢体语言直接关联着声音语言信息，从而决定了接听者的接收信息效果，所以打电话时也应具备像面对面沟通时那样的言行举止。

① 身体端坐、最好是站立。

② 保持笑容，笑容关系着发送的声音质量。

③ 举止得体，专注地、礼貌地感知着接听者。

④ 全神贯注地听，不能同时做别的事情如写信、看文件等，对方能够切实感受到。

3.亲和力建设

① 时间要适宜：一般不宜在三餐时间、晨7点前、晚10点半后打电话，持续时间以3分钟为宜，若超过3分钟须说明主题并询问对方是否方便。

② 话语有礼貌：先打招呼，须礼貌用词，注意根据双方的角色选择语词，比如称呼"先生，您好！"；询问对方单位，得到肯定答复后报上自己的单位、姓名；问清楚对方，致谢语。

③ 声音热情。

④ 运用"开场白"原则进行简单寒暄。

⑤ 语言简练，避免在电话中与客户讨论细节问题、沟通琐碎信息。

⑥ 当对方答应找人后，应手持电话静候，不做别的事或聊天；如对方说你要找的人不在，切不可将电话挂断而应表示感谢。

4.贵在询问与聆听

① 简单询问，主要为了核对真实情况，应通过事前准备充分了解客户。

② 在询问后须聆听，要记录、复述核对。

5.有效表述、沟通准确

① 运用FAB表述，表达清晰、有条理，避免"牛头不对马嘴"、语词不支持当前话题。

② 语速适中，音调悦耳，音量洪亮，语调自然，发音清晰。

③ 仔细斟酌语词，避免使用模棱两可的语句以及专业术语和不适合的俗语。

④ 表达连贯，不能停顿、不能前后不一，所以打电话前需列一下提纲或设计电话脚本。

⑤ 重要事情应向接电话人询问是否听清楚并记下，非常重要的事情要请对方再复述一遍，同时自己也记录下来以便查阅。

⑥ 简洁表述。

6.有效促成、简洁地化解异议

打电话时，往往会遇到客户说"马上要开会，不方便继续通话"等情况，这其实是客户提出异议的一种方式。对于客户的此类异议，最好的处理方法是请求客户给自己一两分钟的时间简明扼要地表达自己的意图，在一般情况下，客户都会满足这样的请求。业务人员可以利用这个机会设法引发客户的兴趣。在遇到客户异议时，切记不可绝望地马上挂掉电话，因为立即挂掉电话意味着客户沟通的失败。

 **案例7-5**

小李电话约访何主任

销售员：您好，请问何彩丽主任在吗？

何主任：我是。

销售员：何主任，您好！我是SLT公司的销售代表，马力。相信您一定听说过我们公司生产及销售的Seed牌电脑。

何主任：哦，我知道。

销售员：我听说今日晨报社最近要更新一部分电脑，我可以在星期三上午10点拜访您，和您就这个主题面谈下一吗？

何主任：嗯……你先把你们产品的介绍资料和报价寄过来，我们研究一下，再与你联络吧！

销售员：好的，我可以先了解一下今日晨报社对电脑设备的需求情况吗？

何主任：我一会儿要去开会。

销售员：那好，我抓紧时间，只有两个简单的问题，这样我给您寄的资料会更有针对性。

何主任：好吧。

销售员：我们公司的产品有台式电脑、笔记本等各种电脑系列产品，不知道您对哪类产品更感兴趣。

何主任：你先把笔记本电脑的资料寄过来吧。

销售员：那您是想给什么职位的人购买呢？

何主任：有些记者的笔记本电脑需要更新了，不过我们还没有最终决定呢。

销售员：好的，我马上将笔记本电脑的资料快递给您，今天下午就会送到。我们开发的几款新产品，非常适合像今日晨报社这样发展迅速的报社使用。希望能有机会拜访您，并当面介绍一下。您看我们暂定在星期三上午10点好吗？资料到了以后我再与您电话确认一下见面时间。

何主任：看过资料以后再说吧！

销售员：今日晨报社发展很快，上周我在杭州出差时，杭州的报摊上也可以买到《今日晨报》了。

何主任：是呀，我们在杭州也建立了分销系列。

销售员：是吗？杭州是我负责的销售区域，那里的市场环境很好，商业发展很快。

何主任：杭州的确是个好地方。对不起，我要去开会了。

销售员：好吧，谢谢您，何主任。希望我们能够在星期三上午10点见面。

当天下午，何主任收到了资料。与资料一起的还有两盒西湖龙井。

四、接电话

与打电话一样，接电话也需要符合沟通程式：亲和力→察知心理需求→有效表述→促成，同时尽可能地简洁表述。在电话沟通实践中遵照如下要求：

① 微笑着接听电话。

② 铃声响3遍即迅速拿起电话。

③ 主动问候对方，并告诉对方自己的姓名、单位名称、部门。

④ 表示理解，用温暖友好的语调。

⑤ 运用询问（例"我怎样才能帮助你？"）来获得信息。

⑥ 聆听：全神贯注于对方与当前话题，并记录与复述。

电话记录包括五部分内容：时间（包括年、月、日、时、分），单位，姓名及电话号码，主要内容，处理意见，最后记录人签名。格式如下：

电话记录		时间： 年 月 日 时 分	
电话人单位		电话人姓名	
主要内容：		接电话人	
		领导批示： 领导签字　　　年　月　日	

⑦ 经常性地用一些提示语言向对方表示正在听，例如"是的"、"我明白"。

⑧ 尽可能迅速、准确地回答对方的问题，如无法帮忙则告诉他能为他做些什么，记得尽快将电话转给别人。

⑨ 结束时确认你的记录，检查所问过的所有问题与得到的信息。

⑩ 感谢对方。

 **案例7-6**

接电话（A是××公司秘书）

A："您好，这里是××公司，我是×××，请问，您有什么需要帮忙的吗？"

B："请问你们的销售主管王先生在吗？"

A："对不起，他现在不在，请问怎么称呼您？"

B："我姓陈，我是他的一个客户，有一件事要咨询他，他什么时候回来？"

A："对不起，他可能在短时间内回不来，如果方便，您可以留下电话和想要办理事务的简要内容，以便他回来及时回电给您。"

B："好的，我的电话是****　****，我要咨询他新产品的购买问题。"

A："方便留下您的全名吗？"

B："我的全名是陈××。"

A："您好，陈××女士，您的电话是********，您想咨询他新产品购买的问题，有什么遗漏吗？"

B："就这些，没有了。"

A："好的，我一定及时将您的电话转给王主管，谢谢您的来电。再见。"

B："再见。"

A（听到对方挂断电话，再断短电话）

 **能力训练**

【实训7-6】

广播航班即将起飞

情景　航班起飞时间快要到了，有一位旅客还没有登机。你怎么通知该名旅客？

实训目标　考核与训练学员的反应能力与服务意识以及广播中的内容组织与声音语言运用。

实训设施　学员、电话。

实训步骤　广播→有效表达→点评。

【实训7-7】

电话××公司商谈会务安排事宜。

【实训7-8】

接订票咨询的电话。

【实训7-9】

接订餐电话。

【实训7-10】

接电话抱怨与投诉。

【实训7-11】

检查拨打、接听电话的要点，找出目前的不足之处后制订自己的改进计划。

需要注意的要点	要　点	具体改进计划
要点1　电话机旁应备有笔记本和铅笔	◇是否把记事本和铅笔放在触手可及的地方 ◇是否养成随时记录的习惯	
要点2　先整理电话内容，后拨电话	◇时间是否恰当 ◇情绪是否稳定 ◇条理是否清楚 ◇语言能否简练	

需要注意的要点		要　点	具体改进计划
要点3	态度友好	◇是否微笑着说话 ◇是否真诚面对通话者 ◇是否使用平实的语言	
要点4	注意自己的语速和语调	◇谁是你的信息接收对象 ◇先获得接受者的注意 ◇发出清晰悦耳的"声"音	
要点5	还要使用简略语、专用语	用语是否规范准确 ◇对方是否熟悉公司的内部情况 ◇是否对专业术语加以必要的解释	
要点6	养成复述习惯	◇是否及时对关键性字句加以确认 ◇善于分辨关键性字句	

【实训7-12】

电话沟通中突发事件应对。

电话沟通活动中你曾遇到过什么样的突发事件？你是如何应对的？有何改进的心得？

突发事件	以前如何应对	改进计划
①听不清对方的话语		
②接到打错了的电话		
③遇到自己不知道的事		
④接到领导亲友的电话		
⑤接到顾客的索赔电话		
补充：		

第三节
书面沟通

理论知识

一、书面沟通的特点与规律要求

在工作与生活中，除了口头沟通、电话沟通之外，还有一种比较正式的、以纸质载体留存信息的沟通方式，那就是书面沟通。主要的书面沟通形式有：文章、信件、便笺等。

1.特点

（1）保存信息　文字信息存于纸质载体，可留存信息。

（2）信息单一　只有文字信息。

（3）互动慢　不是即时反馈，反馈速度慢。

（4）正式　作为正规信息资料，内容严谨、有条理，内容组织格式清晰。

2.规律

作为一种正式的、用于信息留存的沟通方式，沟通者以书面信息进行沟通时，同样经历亲和力（对文章的第一印象）、问题与目的是否明确、是否有效表述、有否提出有效建议的心理感知，尤其对于材料的视觉观感、内容的逻辑性与有效性、段落格式的规范性、抬头与落款的礼貌用语等方面，相比较其他沟通方式更加敏感与高要求。

总结书面沟通的规律：

① 遵从沟通程式：亲和力→察知心理需求→有效表述→促成。

② 亲和力非常重要，缺乏亲和力意味着书面文章丧失被认真阅读的机会。

③ 文字语言信息相对缺乏吸引力，但书面文章表面的视觉观感（如纸质、字体、干净、清楚）、段落格式的规范性、礼貌用语、内容组织的逻辑性与有效性、组合运用图表与数字材料信息，可引发亲和力。

④ 视觉观感、礼貌用语取决于心态。

3.要求

不管是学生还是员工，不管是普通员工还是管理者，不管是服务员还是销售员，书面沟通都是生活与工作中不可或缺的沟通方式，不但可以帮助达成有效沟通、同时体现了自己的综合素养。

① 书面沟通须符合沟通程式：亲和力→察知心理需求→有效表述→促成。

② 要非常重视构建书面沟通的亲和力，从书面文章的视觉观感、礼貌用语、段落格式的规范性、内容的逻辑性与有效性、图表与数字插入运用等方面，培养文章的亲和力。

③ 书面沟通时心态须调整到积极状态。

二、文章写作

文章是相对于信件、便笺等较简短与非正式应用文的一种正式的、公开的、比较系统完整的专业性应用文，包括报告、论文、说明书等文体，这是一类非常正式的书面沟通方式。沟通者在文章写作中，永远要从文章阅读者的心理角度考虑，所以仍要遵从沟通程式"亲和力→明确需求→有效表述→促成"，同时鉴于其正式公开性与专业性，文章写作须遵照如下要求。

1.首要培养文章的亲和力

① 书面文章的视觉观感要好，如表面干净、字迹端正、载体适当，第一眼感觉好。

② 段落格式需要规范，没有段落、没有段落符号、没有段落标题的文章，通篇文字挤在一起，没有人愿意看。

③ 在文章中多插入图表与数字材料，可增加文章的可看性、可信度。

④ 文章忌讳长篇大论。

⑤ 写作时心态须调整到积极状态，认真写作。

⑥ 在文章开头或结尾处等适当地方运用恰当的礼貌用语，比如"从……角度对问题做一些粗浅的探讨，还望专家斧正"、"本文受到了……的帮助，对此深表谢意"。

2.首先明确文章需求即明确必要性与效用意义

① 明确背景情况。

② 说明问题情况与严重后果，要深入而具体、有明确的负效果与正效果对比，以产生强大震撼力。

③ 写清楚文章目的即问题解决的效用意义。

3.有效分析与方法论述

① 问题产生的原因分析。

② 解决问题的方法陈述。

③ 内容强调逻辑性与有效性，紧紧围绕问题解决这一目标来陈述观点、运用FAB原则。

④ 进行可行性论证即以实际的正反案例来证明方法的正确性。

⑤ 运用数字模型或公式来进一步证明方法的正确性。

4.有效促成

根据实际情况提供建设性建议或方案，提请决策者或沟通对方做出抉择。

三、信件书写

信件是特定沟通者之间以纸质载体传递文字信息的、不公开的、私密性的书面沟通方式，相比较文章而言专业性不高、具有私密性，所以文体相对比较随意，但收信者的心理要求还是一样的，即要求符合"亲和力→明确需求→有效表述→促成"的沟通程式。

信件书写的要求如下。

1.信件写得清楚、有礼貌，这将形成亲和力

① 信件字迹端正、清楚，让收信者看得明白、看得愉悦，而不是心生厌烦。

② 信件内容要有礼貌与尊敬，如尊称、礼貌用语、中肯而不冒犯的文字、祝福性的结束语、敬语、具体的姓名。

2.明确目的需求

① 清楚告诉读信者写信的目的：事情的情况、产生的后果、希望，写信前先问问自己"我写这封信是为什么？"。

② 了解对方心理，根据目的与对方的心理来组织词语、语气、态度等。

3.内容有效并确保准确理解

① 围绕目的组织文字，须遵循FAB原则，观点简洁、有效用。

② 尽可能通俗、简练，尽量不用专业术语，让人容易理解、准确理解。

4.最后须提出建议与要求，希望对方反馈。

5.信件内容遵从"SCRAP法则"

关于信件内容可以参考借鉴"SCRAP法则"。

① 事件的情形（situation）。首先告诉读信者信的主要内容是什么，比如"上周交货时间晚了。"

② 产生的后果（consequences）。接着阐明这一事件带来的后果，如"这种事件已经发生过很多次了，它多次导致我们未能按时完成工作。"

③ 解决的方式（resolution）。然后建议一个可行的办法，如"我们了解到是因为……，那么如果……，是不是可以避免再次发生这样的事情？"

④ 具体的办法（action）。指出自己会采取什么办法、期望对方做什么样的行为（改进），如"你们可以确保送货车早些出发，以便……。"

⑤ 用词的礼貌（politeness）。不管是否反感，用词上一定表现得彬彬有礼、不用冒犯的文字，并尽可能以祝福性的话语来结束，否则就不会有积极回应。如"请尽力……，好吗？"、"祝……"、"谨上"等。

四、简函便笺书写

便笺、简函是一种简短的书面文件，在我们工作与生活中有着重要的作用。便笺可以作为一种简短信件留给别人，内容是核实在谈话或会议中涉及到了哪些具体事项、达成了哪些协议，可以对他人发布一些指示与建议；简函是发给部门或个人的简短的、公开的函件，内容可以是背景情况说明、要求或指示建议。

书写内容的要求：

① 可以使用SCRAP法则，但内容要很简短。

② 可以运用通俗词语，不必充满术语、行话。

 能力训练

【实训7-13】

对书面作业（考试卷、论文、报告）的评析

情景 取出你的作业本，你自己对的作业本进行评价，看着愉悦还是看着厌烦？内容组织有逻辑条理性吗？用书面沟通要求——评价；请学员欣赏你的作业本，说说心里话。

【实训7-14】

写一张交代事宜的简函

情景 你是西安咸阳国际机场的值机人员，有事要外出请假，你准备写一份给主管的请假条、写一份给带班者的交代注意事项的简函。各一份写好，点评。

【实训7-15】

写一封给客户的信

情景 关于会务安排的各种相关事宜，你计划先与龙翔商贸公司的万总书面联系一下，所以你写一份书面方案，用传真发过去。写好，点评。

【实训7-16】

撰写一份报告书（申请书、建议书、策划书）

情景 你是东方航空西北分公司的团支书，为了激发年轻人的活力、也为给航空公司提供丰富的娱乐项目供客人参与活动，你有了一个相关的计划。在与各位团支部委员协商后，由你执笔。写好（至少到第三级纲目），点评。

第四节
网络沟通

 理论知识

一、网络沟通的特点与规律要求

电脑改变了人们的沟通模式。过去我们告别时常说："记住给我写信。"后来常听到："再见，有事打电话。"而今天人们的告别语是："记住给我发E-MAIL，有话QQ。"可见，网络将代替传统的沟通模式。至少，目前网络已经成为人际沟通的主要形式之一，收发邮件、网上聊天、网上教育、网上商务、网上求职等，几乎是人们每天都在做的事情。

网络沟通是指在网络上以文字符号为主要语言信息，以交流思想和抒发感情为主要目的的人际沟通。常见的沟通方式有E-MAIL（电子邮件）、BBS（网上论坛）、IRC（网上聊天）、虚拟社区发表评论等，主要方式是E-MAIL、网上聊天。

1.特点

（1）间接　借助于电脑进行沟通。

（2）不全面　主要传递文字语言信息，没有沟通者自身的声音语言与肢体语言。

2.要求

网络沟通中的信息接收者，同样要求沟通遵从"亲和力→了解需求→有效表述→促成"，同时E-MAIL、网上聊天各有特点。

二、E-MAIL

E-MAIL是一种类似传统通信手段如信件的沟通方式。但它有自己的特点：速度快、没有空间制约；可以传递数字化的多媒体，包括文字信息、声音信息、图像信息；传递的都是数字化信息，那么背景信息就会缺乏，比如真实字迹都不知道，这样会影响到整体的沟通质量。

① E-MAIL是简易版的信件，对其文字组织的要求与信件基本相同，只不过要简洁。

② 要非常注意礼貌用语与请求语句，如尊称、请求、谢谢、祝福与敬语、署名。

③ 要有明确的主题，如"王小武致王经理的……"。

④ 有附件的，还要有简洁的说明与致谢，如"王经理：关于……的资料已发给你，请查收。谢谢。王小武。2008-12-12。"

⑤ 不适合经常用"!"。

三、网上聊天

网上聊天是基于网络平台如聊天室、QQ进行一对一交流的沟通方式，它与口头沟通的聊天有很大区别。网上聊天主要通过文字语言信息进行传递，无法传递声音语言、肢体语言信息，无法感知到对方的情绪反馈；而文字语言信息是可以有意识加工的，所以网上聊天的信息有极大的不真实性、不全面性。但文字信息交流有利于理清思路，有助于加强交流的深度。网上聊天需要即时反馈，会不耐烦于迟钝的反应；匿名状态下的沟通，有两种极端，或者克服羞涩心理完全本色沟通、或者以非真实身份来参与聊天；不一定会有共识，但可以享受聊天这一过程的乐趣，有人会因此乐此不疲、深陷其中。好坏掺杂，莫衷一是。

要达到较顺畅的网上聊天，有很多讲究，随着网络世界的发展，一切都在变化中。下面是有助于加强沟通的几个要点。

① 要即时反馈，反应要快，不然将失去聊天对象。

② 熟练使用网络符号与网络时尚语言，可加强认同感，形成亲和力。

③ 沟通中加强娱乐性，娱人而娱己，在聊天中感受愉悦、培养亲和力。

能力训练

【实训7-17】

给客户写发E-MAIL或短信

情景 实习生小王发送E-MAIL给培训部王经理，内容是询问"会议在哪里开、几时开等有关参加会议的信息"。

【**问题与思考**】实习生小王应该如何发送短信？模拟实践之。

注：小王由学生扮演、经理由老师扮演，实际写短信并发送；随机抽取学生的短信朗读公布，若干同学点评、老师小结；再实践，同学总结、老师总结，并引申、最后

建议。

提示 礼仪规范

①有尊称:"王经理:您好!"

②先表明身份、客气地表示打扰与请求帮助:"我是****的小王。麻烦您请告诉我……。"

③表示感谢与署名:"谢谢您。***"

④事后再致谢意:"王经理:谢谢您!信已经收到。谢谢。***"

【实训7-18】

与客户QQ联系

情景 你有会务安排的新策划要与客户沟通,因为很急,刚好对方在线上,你想通过QQ详细互动。

? 思考与练习

一、应知知识练习

1.在生活与工作中最实用的是哪几种沟通方式?

2.口头沟通中要遵循什么要求?

3.当今学生的书面沟通很不理想,结合你自己的情况,找出问题之所在。

4.结合自己的情况探讨电话沟通中常犯的错误,需要怎么做?

5.结合自己的情况探讨E-MAIL与发短信时常犯哪些错误?如何有效沟通?

二、应会能力实训

1.口头沟通情景的挑错

下面是一位前台服务员的接待情况,请你一一指出,她的言语表达存在哪些问题,并指出不当的话语的潜台词,如"你要嫌房价高"的潜台词为:住不起就别住。

一位客人入住某饭店,想让前台将他的房价打个折扣。服务员说:"这不是我说调就能调的,这是饭店的规定。"客人说:"我出差常到你们这里住,这次是来旅游的(当时是旺季),你们优惠一点(平季),不信你可以查一查。"服务员说:"那你应该知道我们房价的调整政策,现在一律不许打折,就这种房价都还供不应求呢。出来旅游花点钱没什么呀?你要嫌弃房价高,那你到别的饭店去看看吧,小饭店的房价会便宜一点。"说完便忙着去接待别的客人去了。

客人非常生气,马上转身走到大堂经理处去投诉了。当然,以后他再来出差时,便选择了另一家与这家同等档次的饭店,饭店从此失去了一位常客。

2.在会议沟通中，写出你的沟通三行为"说、听、问"所占比例：

会议沟通	沟通三行为		
	说/%	听/%	问/%
接到通知			
会议当中			
会议结束			

根据沟通三行为的比例总结存在的问题：

3.自我检测：对比以下情景陈述，请选择在每一组中你认为适合的选项。

（1）说明身份　　　　　　　　　你选择的回答是（　　　）

A."我是腾飞公司的销售人员，我们生产办公设备。"

B."我是腾飞公司的销售代表，我叫高翔。我公司生产及销售"好助手"牌办公设备。"

（2）约请面谈　　　　　　　　　你选择的回答是（　　　）

C."我们什么时侯方便面谈一下呢？"

D."我可以在星期三上午10点左右拜访您吗？"

（3）克服异议——客户：我马上要开会　你选择的回答是（可多选）（　　　）

E."那就不打扰您了。"

F."我两个小时后再打过来，可以吗？"

G."我只占用两分钟或者只问两个问题，可以吗？"

4.电话沟通自我测试

仔细阅读表格内容，按照评分原则给自己打分。

电话沟通情景	得分
1.如果对方问了一个很难的问题，我会帮助他	
2.即使工作很有压力，我在接电话时也总是保持冷静	
3.我算是一个有耐心的人，别人都说我是一个很好的听众	
4.不管对方行为如何，我都能忍受而且心情不受影响	
5.通常我对大多数事情都有热情，并且将这种热情表露于外	
6.在我接电话时，总是面带微笑	
7.我以我的工作为荣，也希望别人意识到这一点	
8.我的答案绝对可靠，在告诉对方之前，我会努力找正确答案	
9.我很自信，我觉得和大多数人的交往都很轻松自如	
10.我是个善解人意的人，我总是试着从对方角度来看问题	
11.我认为，在电话中有轻松幽默感是很有必要的	

电话沟通情景	得分
12.我讲话时通常比较慢并且吐字清晰，因为有时电话线不是很好	
13.在电话交谈时，我通常表现得比较主动投入，即时对方不专心	
14.我从心底感谢那些电话里积极回应的人，并亲口向他们致谢	
15.我相信任何争议都有两方面，认识到这一点并解决问题是重要的	
16.如果有人被忽视了，心情沮丧，我通常会劝慰他们，使得平静下来，并且提出我的想法和解决方法	
17.我电话中的声调总是很有礼貌的，即使是与一个我不喜欢的人通话	
18.对每个电话我都认真对待，即使是遇到了很棘手的难题	
19.通常我与他人合作的都非常好，我被认为是考虑问题全面且合作的人	
20.与人合作，我会提出自己的看法与建议，能接受别人意见	
21.在一起工作就要相互帮助，当我为别人接电话时能意识到这一点	
22.我意识到每个电话都很重要，当我在电话中与别人交谈时，无论什么时候我代表的是我的公司而不是我个人	

评分标准：

我做得比这差远了，2分；比这差一点，4分；比这好一点，6分；比这好很多，8分。

你的得分是_____。

140～160分　优秀；102～138分　良好；82～100分　不错；

52～80分　有待改进；40～50分　各方面都急待改进。

5.电话沟通实践

情景1：销售《客户沟通技巧》培训课给****公司，电话约访公司文经理。

情景2：接听客户（××公司的销售经理）对《客户沟通技巧》培训课的咨询。

情景3：写电话约访的脚本。

6.写一份应聘营销岗位的自荐书。

7.写一份便笺：交代相关事情，内容自定。

8.写一份致总经理的"问题与建议"的报告书。

应会能力训练第2题的参考答案

接到会议通知：你作为会议的参加者一定要多问，了解会议通知的内容，从而决定你可以带哪些材料以帮助会议取得成功。

会议当中：三行为的比例应根据会议内容以及你对内容的理解程度来安排。

会议结束后：留意大家的反馈情况，以及商议结果、公司如何实施等，所以要多听多问。

一、谈判

在职场工作中，谈判是重要的组织沟通手段，是群体与群体之间达成重要目标的有效手段。作为经理人，有必要了解与掌握谈判的相关要求；作为服务员，也有必要先作准备。

1.决定谈判成败的要素

① 亲和关系建设（了解人，气氛好，谈判者的素质表现等）。

② 事先精密认真的准备：情报工作，计划与策略，谈判的有效组织等。

③ 有效实施正确的谈判过程。

④ 有效僵局处理。

⑤ 策略技巧运用：语言技巧的运用；有效策略运用等。

2.亲和关系建设

① 了解对方　了解对方人格模式、了解谈判对手类型。

② 营造友好气氛　选择与布置舒适的谈判场所，在开局时相互有礼貌、创造尊重气氛，在谈判中始终保持轻松和谐气氛、要对事不对人、保持人际亲和力。

3.认真准备

在谈判前全面收集各方面情报，制订合理的谈判计划并沙盘演练。

4.过程的正确实施

导入阶段→概述阶段→明示阶段→交锋阶段→妥协阶段→签定协议。

5.有效僵局处理

把握"闻过则喜"的积极态度，冷静、不争吵，不直接说"不"的原则；有效运用变化求机缘、灵活让步、转移话题、动用情感、引入第三者介入等技巧。

6.有效策略技巧运用

有效运用时间策略、空间策略、物质策略、信息策略、人员策略、需求策略、价格策略，以及有效运用语言技巧，结合实际情况形成最恰当的策略组合。

二、下行沟通

这里简单介绍下行沟通的部分沟通事务，如下达命令、称赞下属、批评下属。

1.下达命令

命令是主管对部下特定行动的要求或禁止。它也是一种沟通，只是命令带有组织阶层上的职权关系；它隐含着强制性，会让部下有被压抑的感觉。命令虽然有缺点，但要确保部下能朝组织确定的方向与计划执行，命令是绝对必要的，那么如何使命令有效呢？

① 态度和善，用词礼貌。例如"小李，麻烦你把文件送去复印一下。"这需要领导者有人文意识、尊重意识。

② 正确传达命令意图。你下达命令时，要正确地传达命令，不要经常变更命令；不要下一些自己都不知道原由的命令；不要下一些过于抽象的命令，让部下无法掌握命令的目标；不要为了证明自己的权威而下命令。

"5W2H"是内容重点，如此就能正确地传达你的意图。

Who（执行者）：_____

What（做什么）：_____

How（怎么做）：_____

When（时间）：_____

Where（地点）：_____

How many（工作量）：_____

Why（为什么）：_____

③ 让部下明白这件工作的重要性。例如："小王，这次项目投标是否能成功，将决定我们公司今年在总公司的业绩排名，对公司来说至关重要。希望你能竭尽全力争取成功。"

④ 共同探讨状况、引导下属提出疑问与建议。例如："我们都了解了目前的状况是这样的，我们来讨论一下该怎么做？"，"小王，关于这个投标方案，你还有什么意见和建议吗？"

⑤ 给部下更大的责权。例如："这次展示会交由你负责，关于展示主题、地点、时间、预算等请你作出一个详细的策划，下个星期你选一天我们要听取你的计划。"

2. 赞扬部下

要建立良好的人际关系，恰当地赞美他人是必不可少的。"赞美出天才，惩罚出白痴"。

（1）态度要真诚　要发自内心，要用肢体语言、声音语言体现出来，且应注意在肢体语言、声音语言、文字内容方面的吻合。

（2）内容要具体　不能泛泛，而是确指具体事情。例如："你处理这次客户投诉的态度非常好，自始至终婉转、诚恳，并针对问题进行解决，你的做法正是我们期望员工能做到的标准典范。"

（3）注意赞美的场合　最好是公开赞扬，最好是能被大家认同及公正评价的事项。

（4）适当运用间接赞美的技巧　运用服务人员的直接管理者的赞扬的话语，会有高效。例如："前两天我和刘总经理谈起你，他很欣赏你接待客户的方法，你对客户的热心与细致值得大家学习。好好努力，别辜负他对你的期望。"

3. 批评部下的方法

一般人都不愿意被人否定与批评。所以批评要慎重、要讲究技巧，学习"糖衣炮弹"术，取得"良药不苦口、忠言不逆耳"的效果。

（1）以真诚的赞美做开头　例如："小武啊，大家都看到了，你来我们单位有半年了吧，一直表现很好的，最早来、勤快整理卫生、对同事热情有礼貌、对客户热情主动。"

（2）要尊重客观事实、要就事论事　例如："最近呢，我发现你有些不如前段时间的表现，有几次迟到、对同事会冷着脸、还跟客户吵架，是不是这样？"

（3）指责时不要伤害部下的自尊与自信　例如："你以往的表现都优于一般人，希望你不要再犯这样的错误。"

（4）友好地结束批评　比如说"我想你会做得更好"或者"我相信你"，并报以微笑。

（5）选择适当的场所　指责时最好选在单独的场合，尽量避免在公开场合。

三、上行沟通

服务人员在职场工作中必须要与管理者沟通，包括汇报工作、接受任务、申请建议等。

1.向领导请示与汇报

① 尊重礼貌地称呼。

② 简单总结报告工作情况。

③ 仔细聆听领导的命令（用传统的5W2H的方法来快速纪录工作要点）。

④ 与领导探讨目标的可行性、拟定详细的工作计划。

⑤ 在工作进行之中随时向领导汇报。

⑥ 在工作完成后及时总结汇报。

2.说服领导

① 选择恰当的提议时机。通常推荐在上午10点左右，或午休结束后的半个小时里。总之，要选择领导时间充分、心情舒畅的时候提出改进方案。

② 尊重礼貌地称呼领导，面带微笑、充满自信。

③ 简单总结报告工作情况，设想下一阶段的思路与征询领导意见。

④ 运用FAB表述，观点条理分明、逻辑清晰、简明扼要、重点突出。

⑤ 充分运用资讯及数据来证明。做成书面材料，借助视觉力量，就会加强说服力。

A主管：关于在通州地区设立灌装分厂的方案，我们已经详细论证了它的可行性，大概3～5年就可以收回成本，然后就可以盈利了。请董事长一定要考虑我们的方案。

B主管：关于在通州地区设立灌装分场的方案，我们已经会同财务、销售、后勤部门详细论证了它的可行性。根据财务评价报告显示，该方案在投资后的第28个月财务净现金流由负值转为正值，这预示着该项投资将从第三年开始盈利，经测算，该方案的投资回收期是4～6年。从社会经济评价报告上显示，该方案还可以拉动与我们相关的下游产业的发展。这有可能为我们将来的企业前向、后向一体化方案提供有益的借鉴。与该方案有关的可行性分析报告我已经带来了，请董事长审阅。

记住：只有摆出新方法的利与弊，用各种数据、事实逐项证明，才能让领导不认为你有头脑发热、主观臆断的嫌疑。

⑥ 设想领导质疑，事先准备答案。

⑦ 致歉与致谢。礼貌的告辞，给领导一段思考和决策的时间；即使领导不愿采纳你的意见，你也应该感谢领导倾听你的意见和建议，同时让领导感觉到你工作的积极性和主动性即可。

参考文献

[1] 林崇德. 发展心理学. 北京：人民教育出版社，1999：265.
[2] 苏厚重. 人际关系原理. 江西：江西人民出版社
[3] 郭丽. 大学生人际交往个案解析. 广州：华南理工大学出版社.
[4] 袁振国. 交往的艺术. 天津：天津人民出版社，1989.
[5] 廖桂蓉. 低调陈述在商务谈判语言中的运用. 嘉应学院学报（哲学社会科学），2008，
     26：120.
[6] 张力玉，王红卫. 实用商务英语谈判：策略与技巧. 北京：北京理工大学出版社，
     2003：4.
[7] 鲁小慧，周连云. 商务谈判中的倾听技巧. 科技信息，2007，32：511.
[8] 程明明. 小议"倾听是最好的谈判战术". 中国科技信息，2007，7：152.
[9] 黄漫宇. 商务沟通. 北京：机械工业出版社，2003：56
[10] 莫林虎. 商务交流. 北京：中国人民大学出版社，2008：142.
[11] 李嫦英，刘立莉，乔志杰. 浅论商务谈判的倾听技巧. 河北北方学院学报，2007，
     23：19.
[12] [美] Ronald B. Adler，Jeanne Marquardt Elmhorst，（中）施宗靖. 商务传播——沟通的
     艺术. 上海：复旦大学出版社，2006：84.